Salam

[säläm] arabisch

das bedeutet „Friede“ und es beschreibt auf einer nostalgischen Art und Weise das, was Essen und Kochen bereits in meiner Kindheit in mir auslöste: puren Frieden.

Bei mir zu Hause wurde immer frisch gekocht und Fast Food gab es ohnehin nie. Verschiedene Gewürze, internationale Gerichte und spannende Geschmackskombinationen weckten schon früh meine Neugier. Meine Mutter war zum Glück nie sehr pingelig, denn in der Küche durfte ich mich immer austoben. Unter einer Bedingung: „danach wird aufgeräumt!“ – „Kein Problem, Mama“ – aufgeräumt lassen sich die selbstgekochten Köstlichkeiten ohnehin viel besser genießen.

Mittlerweile bin ich verheiratet und habe durch meinen Mann Hamza und den Bezug zu meinem erweiterten Freundes- und Bekanntenkreis noch mehr unverwechselbare Traditionsgerichte kennen und lieben gelernt. Mein erstes Kochbuch umfasst deshalb eine Reise durch den Nahen Osten. Ich zeige dir in diesem Buch Basics, wie türkischen Reis (S. 20 - 21), palästinensische und marokkanische Köstlichen, wie zum Beispiel Moussakhan und Bastilla (S. 32 - 33 und 52 - 53), aber auch orientalischen Eigenkreationen, wie meinen Kadayıf Cheesecake (S. 90 - 93).

Ich versteife mich nie auf eine bestimmte Länderküche, sondern greife mir von allem das Beste. Warum auch nicht? Jedes Land hat tolle traditionelle Gerichte, aber auch spannende Arten der Zubereitung zu bieten. Mein Fokus liegt darauf, Rezepte mit hohem Niveau auf eine Art und Weise zu beschreiben, wie sie jeder versteht und nachkochen kann. Dabei ist es egal, ob du blutiger Anfänger, oder bereits ein Profikoch bist.

Über mich und meine Rezepte

Das Interesse am Kochen und Backen habe ich schon früh empfunden. In unserem familiengeführten Café hat meine Mutter selbstgebackene Torten verkauft. Ich bin quasi mit Schneebesen und Rührschüssel aufgewachsen. Leider mussten wir unser Café nach circa 20 Jahren aufgeben. Noch im selben Jahr eröffnete ich meinen YouTube-Kanal Kikis Kitchen, den ich gemeinsam mit meinem Mann Hamza betreibe. Seit 2016 teile ich dort wöchentlich Step-by-Step süße und herzhafte Rezepte mit hunderttausenden von Menschen.

Wenn ich nicht gerade eine Torte backe und etwas Leckeres koche, dann findest du mich auf Wochenmärkten, oder im Supermarkt.

Ich schlendere durch die Gänge, lasse mich vom Gemüse inspirieren und klügle auch mal spontan zwischen Karotten und Avocado eine neue Rezeptidee aus – beim Kochen bin ich sehr spontan.

Mein Konzept auf YouTube ist kein Geheimnis: Auch, wenn ich gern „Frei Schnauze" koche und spontan die ein oder andere Zutat hinzufüge, schreibe ich für meine Videos alles haarfein auf. Ein Drittel Teelöffel Chili, eine Messerspitze Salz, …

Hamza

Den Dreh der Rezeptvideos übernimmt Hamza – er ist Kochanfänger, er von seiner Mama kullinarisch sehr verwöhnt wurde. Dafür hat er aber einen ausgiebigen Geschmackssinn entwickelt. Im Schnitt werden meine Videoanleitungen von Hamza so zurechtgeschnitten, dass er sie versteht. Und was Hamza versteht, verstehen dann auch die Zuschauer.

Da die Nachfrage nach einem Kochbuch mit den vergangenen Jahren immer größer wurde, habe ich mich dazu entschlossen Kikis Oriental Kitchen zu schreiben. Das Buch beschreibt mit jedem Rezept meine Liebe und Leidenschaft zur orientalischen Kochkunst. Ich habe in den vergangenen Jahren sehr viel über verschiedene Länderküchen lernen dürfen und habe die besten Rezepte in diesem Buch verewigt.

Inhaltsverzeichnis

8 - 13 | Suppen

Mercimek Corbası S. 8 - 9
Harira S. 10 - 11
Yayla Corbası S. 12 - 13

16 -21 | Beilagen

Mujaddara S. 16 - 17
Bulgur S. 18 - 19
Pirinç Pilavı S. 20 - 21

24 - 35 | Fingerfood

Poğaça S. 24 - 25
Briwat S. 26 - 27
Hummus S. 28 - 29
Knoblauch Naan S. 30 - 31
Mussakhan Rolls S. 32 - 33
Panierte Böreks S. 34 - 35

38 - 59 | Hauptgerichte mit Fleisch

Köfte Bil Tahine S. 38 - 39
Kabsa S. 40 - 41
Fatteh S. 42 - 43
Köfte (Kikis Spezial) S. 44 - 45
Gefüllte Kartoffeln S. 46 - 47
Lahmacun S. 48 - 49
Çipura Fisch S. 50 - 51
Bastilla S. 52 - 53
Içli Köfte S. 54 - 55
Tajine S. 56 - 57
Ofen-Hähnchen S. 58 - 59

62 - 69 | Hauptgerichte vegetarisch

Fellah Köftesi S. 62 - 63
Sarma S. 64 - 65
Falafel S. 66 - 67
Çig Köfte S. 68 - 69

72 - 75 | Salate

Fattoush S. 72 - 73
Kısır S. 74 - 75

78 - 101 | Desserts

Trileçe S. 78 - 79
Mamoul Mad Bil Ashta S. 80 - 81
Baklava S. 82 - 83
Kulîça S. 84 - 85
Künefe S. 86 - 87
Atayef S. 88 - 89
Kadayıf Cheesecake S. 90 - 93
Maamoul Bil Tamr S. 94 - 95
Pistazien-Makronen S. 96 - 97
Muhallebi S. 98 - 99
Halawet El Jibn S. 100 - 101

102 - 110 | Extras

Gefüllte Datteln (Serviertipp) S. 102 - 103
Schwarzkümmelöl S. 104 - 105
Legende & Sag mal Kiki S. 106 - 107
Notizen S. 108 - 111
Danke S. 112

SUPPEN

S. 8 - 13

Suppen sind fix zubereitet und schmecken mit den richtigen Gewürzen alles andere als langweilig. Du kannst sie als Vorspeise genießen, oder als sättigende Hauptmahlzeit.

Ich stelle dir in dieser ersten Kategorie drei köstliche Suppenrezepte vor, die dir den perfekten Einstieg in die orientalische Kochwelt bieten.

Im Fastenmonat Ramadan bereite ich jeden Tag eine frische und reichhaltige Suppe zu. Er bereitet den leeren Magen auf die Mahlzeit vor. Auch außerhalb des Ramadans liebe ich die orientalische Suppenvielfalt.

Mercimek Corbasi

[merdschimek tschorbasse] türkisch

6 Portionen | 35 Minuten | 0,45 € | Einfach

Zutaten:

150 g rote Linsen
1.200 ml kochendes Wasser
2 Zwiebeln
2 Möhren
2 mittelgroße Kartoffeln
1 daumenbreites Stück Ingwer
1 Knoblauchzehe
3 EL Olivenöl
1 TL Tomatenmark
2 TL Paprikamark, mild
1 ½ TL Salz
½ TL Pfeffer
½ TL Paprikaflocken, süß
1 gestrichenen TL Kreuzkümmel
½ TL getrocknete Minze

Außerdem:
1 Fladenbrot
1 Zitrone

Nährwerte pro Portion:

230 kcal / 962 kJ
26 g Kohlenhydrate
9 g Eiweiß
9 g Fett

Die türkische Linsensuppe ist eine beliebte Vorspeise. Ich kenne ehrlicherweise niemanden, der sie nicht mag. Sie ist eine echte Wohlfühlsuppe, die in jede Jahreszeit passt. Typischerweise wird sie mit roten Linsen, Kartoffeln, Zwiebeln und Möhren zubereitet. Auch Minze ist ein wichtiger Bestandteil der leckeren und nahrhaften Suppe.

Zubereitung:

1. Spüle als erstes die **roten Linsen** unter fließendem **Wasser** gründlich ab.
2. Schäle und würfele **Zwiebeln**, **Möhren** und **Kartoffeln**. Reibe **Ingwer** und **Knoblauch** fein.
3. Gib etwas **Olivenöl** in einen Topf und erhitze dieses bei mittlerer Wärmezufuhr.
4. Füge dann Zwiebeln, Knoblauch und Ingwer hinzu und dünste alles für ein paar Minuten.
5. **Tomaten**- und **Paprikamark** ebenfalls in den Topf geben und anrösten.
6. Danach gibst du die Linsen, Möhren und Kartoffeln hinzu und gießt so viel heißes Wasser hinein, bis alles bedeckt ist.
7. Die Suppe gelegentlich umrühren und dabei aufkochen lassen. Den Deckel aufsetzen und für 20 Minuten bei mittlerer Wärmezufuhr köcheln lassen. Auch währenddessen immer wieder umrühren, damit nichts ansetzt.
8. Nimm nun den Pürierstab und püriere die Suppe, bis keine Stückchen mehr vorhanden sind und diese dickflüssig geworden ist.
9. Schmecke die Suppe mit den **Gewürzen** ab und gieße so viel Wasser hinzu, bis dir die Konsistenz gefällt.
10. Reiche **Fladenbrot** und **Zitrone** zur Linsensuppe.

Nice to know

Du kannst Paprikamark alternativ durch Tomatenmark ersetzen. Paprikamark macht das ganze allerdings etwas würziger. Dadurch, dass das Gemüse gewürfelt wurde, wird es schneller gar. Welche Kartoffelsorte du in diesem Rezept verwendest, spielt keine Rolle.
Serviere die Linsensuppe unbedingt mit Zitrone, das gibt eine schöne Säure.

Harira

[hărira] arabisch

8 Portionen | 60 Minuten | 0,90 € | Einfach

Zutaten:

600 g Tomaten
2 Streifen Staudensellerie
4 EL Olivenöl
200 g Rindfleisch
1 Zwiebel, fein gehackt
1 EL Tomatenmark
35 g rote Linsen
30 g (eine Hand voll) Petersilie, fein gehackt
30 g (eine Hand voll) Koriander, fein gehackt
60 g Kichererbsen, vorgegart
2 TL Salz
½ TL Pfeffer
1 TL Kurkuma
½ TL Zimt
¾ TL gemahlenen Ingwer
1 TL Kreuzkümmel
1.500 ml Wasser
30 g Fadennudeln

Zum Andicken:
2 EL Mehl
200 ml Wasser

Zum Servieren:
1 Zitrone

Harira ist eine typisch marokkanische Suppe. Sie wird traditionell während des muslimischen Fastenmonats Ramadan zum Fastenbrechen (Iftar) serviert. Die enthaltenen Linsen und Kichererbsen enthalten viele Ballaststoffe, weshalb Harira sehr sättigend ist. Die Zugabe von Fleisch ist optional und vollkommen euch überlassen. Probiert dieses waschechte Traditionsrezept gern aus – jeder Löffel der Harira-Suppe schmeckt köstlich. Die Gewürze werden euch umhauen!

Zubereitung:

1. Lege die **Tomaten** in eine Schüssel und übergieße sie für 3 Minuten mit kochendem Wasser. Nun kannst du ganz einfach die Tomaten häuten. Püriere anschließend die Tomaten mit einen Stabmixer.
2. Schäle dann die äußeren Fasern der **Staudenselleriestreifen**. Sie hinterlassen ein störendes Mundgefühl, weshalb dieser Schritt sehr wichtig ist. Schneide den Sellerie in Stücke und püriere diesen im Mixer. Nimm anschließend die Blätter der Selleriestangen, wasche diese gründlich, zupfe sie vom Stiel und hacke sie fein.
3. Schneide das **Rindfleisch** in feine Stücke. Erhitze nun das **Olivenöl** in einem Topf und brate das Rindfleisch darin für 1 – 2 Minuten scharf an.
4. Füge die **Zwiebeln** und das **Tomatenmark** hinzu und röste beides für 1 Minute an.
5. Gib **rote Linsen, Petersilie, Koriander, Kichererbsen** und **alle Gewürze** in den Topf und verrühre alles ordentlich mit dem Kochlöffel.
6. Gieße das **Wasser** in den Topf und bringe die Suppe unter Rühren zum Kochen.
7. Reduziere die Temperatur auf mittlere Stufe, setzte einen Deckel auf den Topf und lasse die Suppe für 40 – 45 Minuten köcheln. Dabei gelegentlich umrühren.
8. Kippe das **Mehl** in eine Schale, gieße das warme **Wasser** hinein und verrühre beides, damit keine Klümpchen entstehen.
9. Kurz vor Garzeitende wird das Mehl-Gemisch zur Suppe gegeben und eingerührt. Anschließend nochmals kurz aufkochen lassen, so dickt die Suppe etwas an.
10. Gib zum Schluss noch die **Fadennudeln** in die Suppe und lasse diese ein paar Minuten mitkochen, bis sie gar sind. Serviere die Suppe mit **Zitrone**.

Nährwerte pro Portion:

196 kcal / 820 kJ
12 g Kohlenhydrate
8 g Eiweiß
12 g Fett

Nice to know

Anstatt frischen Tomaten, kannst du auch passierte verwenden. Du kannst die frischen Kräuter auch gegen die trockene Variante austauschen. Mit frischen Tomaten schmeckt es allerdings intensiver. Kreuzkümmel muss auf jeden Fall in die Suppe. Es hilft dem Blähbauch, der durch die Kichererbsen entstehen kann, vorzubeugen. Wenn die Suppe am nächsten Tag etwas dicker geworden ist, füge etwas Wasser hinzu.

Yayla Çorbası

[jaila tschorbasse] türkisch

4 Portionen | 20 Minuten | 0,30 € | Einfach

Zutaten:

150 g Basmati Langkornreis
1.200 ml Wasser
250 g Naturjoghurt 3,5%
1 Ei (M)
1 gehäuften TL Mehl
1 ½ TL Salz
2 EL Butter
1 EL getrocknete Minze
⅓ TL Paprikaflocken, scharf

Nährwerte pro Portion:

238 kcal / 996 kJ
33 g Kohlenhydrate
7 g Eiweiß
8 g Fett

Yayla Çorbası, die im Deutschen gern als „Alm -Suppe“ bezeichnet wird, ist eine erfrischende Suppe auf Joghurt-Basis mit Minze als dominantes Gewürz. Traditionell gibt man vorgegarte Kichererbsen oder rohen Reis hinzu. Die Suppe dient nicht nur als leckere warme Vorspeise, sondern kann auch beispielsweise in den Sommermonaten als kalte Hauptmahlzeit genossen werden.

Zubereitung:

1. Wasche zunächst den **Langkornreis** gründlich unter fließendem Wasser, indem du ihn in ein Sieb gibst. Hierdurch wird die Stärke ausgewaschen.
2. Der Reis kommt nun mit 2/3 des **Wassers** in einen Topf und wird für ca. 12 Minuten köcheln gelassen. Dann sollte er gar sein.
3. Gib das restliche **Wasser** zusammen mit **Joghurt**, **Ei**, **Mehl** und **Salz** in eine Rührschüssel und verquirle alles.
4. Mische die Joghurt-Ei-Masse unter ständigem Rühren unter den Reis und lasse alles langsam bei Stufe 7 von 9 aufkochen.
5. Schmelze die **Butter** bei mittlerer Wärmezufuhr in einer Pfanne. Füge die **Minze** hinzu und röste diese für eine Minute an.
6. Träufle die Minzbutter in die Suppe und gib die **Paprikaflocken** hinzu.

Nice to know

Die Suppe kann warm oder kalt verzehrt werden. Statt Reis kannst du auch vorgegarte Kichererbsen verwenden. Dann solltest du allerdings 0,5 TL Kreuzkümmel hinzufügen, damit er einem Blähbauch entgegenwirken kann.

BEILAGEN

S. 16 - 21

Auf den nächsten Seiten zeige ich dir die perfekten Begleiter zu Fleisch und Fisch. Es gibt unumstrittene Basics, die zum orientalischen Kochen dazugehören, wie zum Beispiel der beliebte türkische Reis. Step-by-Step zeige ich dir, wie du im Handumdrehen wundervollen, Reis und Bulgur zubereiten kannst.

Die Beilagen machen Hauptgerichte erst so richtig komplett. Sie sind allerdings auch so lecker, dass du sie sogar als Hauptgericht genießen kannst.

Mujaddara

[mudchad-daʀa] arabisch

6 Portionen | 60 Minuten | 0,45 € | Einfach

Zutaten:

150 g grüne Linsen
1.210 ml Wasser
180 g Basmati Reis
3 EL Olivenöl
2 grüne Kardamomkapseln
1 TL Kreuzkümmel, gemahlen
1 TL Zimt, gemahlen
1 TL Kurkuma, gemahlen
1 TL Salz
1 TL Zucker
1 Lorbeerblatt
30 g (Handvoll) frischen Koriander,
fein gehackt

Außerdem:
10 EL Öl zum Frittieren
3 Zwiebeln
2 EL Mehl
½ TL Salz

Zum Servieren:
1 Knoblauchzehe
400 g Naturjoghurt 3,5%
⅓ TL Salz

Nährwerte pro Portion:

399 kcal / 1.670 kJ
42 g Kohlenhydrate
10 g Eiweiß
20 g Fett

Reis und Linsen sind ein Dreamteam. Das wird bei diesem Rezept für Mujaddara perfekt unter Beweis gestellt.
Der Linsenreis gelangt durch die köstlichen Gewürze und den leckeren Röstzwiebeln auf eine ganz neue und einzigartige Geschmacksebene. Du kannst es auch als sättigende Hauptspeise servieren. Der Knoblauchjoghurt passt perfekt dazu.

Zubereitung:

1. Spüle zunächst die **grünen Linsen** unter fließendem Wasser in einem Sieb gründlich ab.
2. Fülle das **Wasser** in einen Topf und gib die Linsen hinzu. Lasse alles bei hoher Wärmezufuhr für ca. 15 Minuten köcheln.
3. Wasche anschließend auch den **Reis** gründlich unter fließendem Wasser ab, bis dieser klar ist.
4. Erhitze das Olivenöl in einem Topf und röste **Kardamomkapseln, Kreuzkümmel, Zimt, Kurkuma, Salz, Zucker, Lorbeere** und **Koriander** bei mittlerer Wärmezufuhr für eine Minute an. Gib nun Reis und Linsen ebenfalls in den Topf und fülle so viel Wasser hinzu, dass alles bedeckt ist (ca. 460 ml.).
6. Koche die Mischung auf, reduziere die Wärmezufuhr auf niedrige Stufe (Stufe 2 von 9) und lasse alles ca. 30 Minuten bei geschlossenem Deckel garen.
7. Erhitze Öl in einer Pfanne.
8. Schäle in der Zwischenzeit die **Zwiebeln**, halbiere und schneide sie in feine Scheiben.
9. Mische **Mehl** und **Salz** in einer Schüssel. Gib die Zwiebeln hinzu und vermenge alles ordentlich.
10. Backe die Zwiebeln im Öl goldbraun aus und lasse, sobald sie fertig sind, auf einem Küchenkrepp abtropfen.
11. Schäle und hacke den **Knoblauch** und vermische diesen zusammen mit **Joghurt** und **Salz** in einer Schüssel.
12. Nimm nun den Linsenreis vom Herd, lege den Deckel schräg auf den Topf, sodass Luft entweichen kann und lasse diesen für 10 Minuten ziehen.
13. Lockere den Reis mit Hilfe einer Gabel auf und menge 2/3 der Röstzwiebeln unter.
14. Gib den Linsenreis auf einen Servierteller und dekoriere ihn mit Joghurt und den restlichen Röstzwiebeln.

Nice to know

Durch das Abwaschen des Reises wird die Stärke herausgespült und somit fein und körnig nach dem Kochen. Statt des frischen Korianders, kannst du auch einen Teelöffel gemahlenen Koriander verwenden.

Bulgur

[bulguʀ] türkisch

6 Portionen | 35 Minuten | 0,25 € | Einfach

Zutaten:

380 g Bulgur
(Sorte: grob; pilavlık)
2 Zwiebeln
4 EL Sonnenblumenöl
1 EL Paprikamark
1 EL Tomatenmark
860 ml kochendes Wasser
1 ½ TL Salz
½ TL Pfeffer

Optional:
2 EL Butter

Nährwerte pro Portion:

316 kcal / 1323 kJ
50 g Kohlenhydrate
8 g Eiweiß
11 g Fett

Bulgur ist vorgekochter Hartweizen und neben Reis meine liebste Beilage. Er stammt aus dem vorderen Orient und enthält jede Menge Ballaststoffe, reichlich B-Vitamine, sowie Vitamin E und Mineralstoffe. Bei der Herstellung wird Bulgur gedämpft. Das ist genial, denn es macht die Zubereitung daheim einfach, schnell und unkompliziert. Du musst jedoch beachten, dass Bulgur kaum Eigengeschmack hat.
Mein Rezept lässt deinen Bulgur in einen würzigen Weizentraum verwandeln.

Zubereitung:

1. Nimm ein feines Sieb zur Hand und gib den **Bulgur** hinein. Wasche diesen gründlich unter fließendem Wasser.
2. Schäle nun die **Zwiebeln**, halbiere und hacke sie.
3. Erhitze das **Sonnenblumenöl** in einem großen Topf und röste **Paprika- und Tomatenmark** darin für 1 Minute an.
4. Gib die Zwiebeln hinzu und dünste diese bei mittlerer Wärmezufuhr für 2 Minuten mit.
5. Fülle den Bulgur ebenfalls in den Topf und gieße alles mit dem **kochenden Wasser** auf. Gewürzt wird nun mit **Salz** und **Pfeffer.**
6. Koche den Bulgur kurz auf, verringere dann die Wäremzufuhr auf niedrige Stufe (Stufe 3 von 9) und lasse ihn für 25 – 28 Minuten quellen.
7. Je nach Geschmack kann nun die **Butter** in der Resthitze des Bulgurs geschmolzen und dann untergemischt werden.
8. Lockere den Bulgur zum Schluss mit einer Gabel etwas auf.

Nice to know

Den Bulgur kannst du vor dem Servieren bei geöffnetem Deckel für 10 Minuten ziehen lassen. Wenn du den leckeren Bulgur als Hauptspeise genießen möchtest, dann kannst du pro Person 100 g rohen Bulgur verwenden.

Pirinç Pilavı

[pirintsch pilawɨ] türkisch

6 Portionen | 30 Minuten | 0,40 € | Einfach

Zutaten:

360 g Rundkornreis (Baldo pirinç) / 2 Gläser
6 EL Sonnenblumenöl
50 g kurze Fadennudeln (türkisch: şehriye) / 0,5 Glas
800 ml Wasser / 4 Gläser
1 ½ TL Salz
1 ½ EL Butter

Nährwerte pro Portion:

245 kcal / 1025 kJ
48 g Kohlenhydrate
5 g Eiweiß
3 g Fett

Türkischer Reis ist so viel mehr, als nur eine Beilage. Er wird traditionell aus Rundkornreis der Sorte Baldo hergestellt. Was ihn so besonders macht, ist die Kombination der Zutaten: Öl, Butter, Reis und Nudeln. Reis und Nudeln in Kombination? Einfach köstlich! Du kannst wahlweise Fadennudeln, oder Nudeln in Reisform verwenden.

Zubereitung:

1. Spüle als erstes den **Reis** 3 – 4 Minuten unter lauwarmem oder kaltem **Wasser** ab. Dadurch wird die Stärke ausgewaschen, die den Reis matschig macht.
2. Erhitze das **Sonnenblumenöl** bei mittlerer Wärmezufuhr in einem Topf, gib die **Nudeln** hinein und brate sie braun an. Das dauert ungefähr 1,5 – 2 Minuten.
3. Gib nun den Reis hinzu, reduziere die Wärmezufuhr auf niedrige Stufe und brate den Reis für ca. 1 Minute mit. Dabei solltest Du ständig umrühren, damit nichts anbrennt. Und? Riechst du die Röstaromen? Ein toller, nussiger Duft.
4. Gieße das **Wasser** in den Topf und **salze** alles. Setze den Deckel auf den Topf und gare den Reis für 18 – 20 Minuten bei niedriger Wärmezufuhrt (beispielsweise Stufe 2 von 9).
5. Nun kannst du noch die **Butter** unter den Reis mengen. Das gibt das gewisse Etwas.

Nice to know

In der türkischen Küche wird insbesondere für das Reiskochen ein Glas zum Abwiegen verwendet. Ein Glas enthält 200 ml Fassungsvermögen. Ich habe dir Glas-Angaben hinterlegt, falls dir das lieber ist. Möchtest du Langkornreis verwenden? Dann verwende nicht die doppelte, sondern die 1 ½ - fache Menge an Wasser, damit der Langkornreis nicht matschig wird. Als Beilage rechnet man für Reis 60 g Rohgewicht pro Person, als Hauptgericht sind es 120 g pro Person.

FINGERFOOD

S. 24 - 35

In dieser Kategorie habe ich das Beste aus meiner Fingerfood-Welt zusammengestellt. So vielseitig wie die Rezepte sind, so ist auch die Herkunft dieser.

Von knusprigem Börek, über frisches Naan-Brot bis hin zu traditoinellem Hummus wirst du in den nächsten Seiten eine Vielfalt kleiner, feiner Leckereien genießen.

Erlebe in diesem Kapitel deine erste kleine Kullinarikreise.

Poğaça Kartoffelfüllung

[poatscha] türkisch

16 Portionen · 20 Minuten · 0,20 € · Einfach

Zutaten:

Für den Hefeteig
440 g Mehl
1 TL Trockenhefe
1 TL Salz
1 TL Zucker
200 ml Milch
120 g Sonnenblumenöl

Für die Kartoffelfüllung
2 große Kartoffeln (250 g)
1 Zwiebel
1 Knoblauchzehe
2 EL Olivenöl
1 TL Tomatenmark
½ TL Salz
Messerspitze Pfeffer
½ TL Paprikapulver, edelsü.
⅓ TL Kreuzkümmel
30 g (Handvoll) Petersilie

Außerdem
1 Ei (M)
2 EL Sesam

Nährwerte pro Portion:

218 kcal / 912 kJ
25 g Kohlenhydrate
5 g Eiweiß
11 g Fett

Poğaça sind fluffige Hefeteigteilchen, die herzhaft befüllt werden. Sie sind ein absoluter Klassiker. Bereite sie zum Frühstück vor, als Beilage, oder packe sie für dein nächstes Picknick ein. Die würzige Kartoffelfüllung ist ein Traum. Passe während der Zubereitung auf, dass du sie nicht nebenbei verschlingst.

Zubereitung:

1. Vermenge **Mehl, Trockenhefe, Salz** und **Zucker** in einer ausreichend großen Schüssel miteinander. Füge **Milch** und **Sonnenblumenöl** zu und verknete alles zu einem glatten Teig.
2. Teile den Teig in der Mitte durch und forme beide Teige zu zwei Kugeln. Gib sie in zwei separate Schüsseln und lasse sie zugedeckt an einem warmen Ort für ca. 30 Minuten gehen.
3. Bereite in der Zwischenzeit die Kartoffelfüllung vor. Koche dafür die Kartoffeln in Wasser gar und schäle sie.
4. Schäle und schneide die **Zwiebeln**, sowie die **Knoblauchzehe** sehr fein. Erhitze das **Olivenöl** bei mittlerer Stufe und dünste Zwiebeln und Knoblauch für eine Minute an.
5. Füge **Tomatenmark, Salz, Pfeffer, Paprikapulver** und **Kreuzkümmel** hinzu. Hacke **Petersilie** fein und verrühre alles zu einer einheitlichen Masse. Schalte den Herd aus.
6. Gieße die gegarten Kartoffeln ab und lasse sie fünf Minuten ausdampfen. Schäle sie anschließend.
7. Gib die Kartoffeln in eine große Schüssel und zerdrücke sie mit einer Gabel. Füge die Zwiebelmasse hinzu und menge sie unter die Kartoffeln.
8. Rolle die aufgegangenen Teige mit einem Ausrollstab nacheinander zu 5 mm dicke Kreise aus. Du kannst etwas Mehl verwenden, falls dein Teig an der Arbeitsfläche haftet. Schneide den runden Teig nun in 8 Stücke.
9. Gib jeweils 1,5 Teelöffel auf die breite Seite des Teiges und rolle ihn zur Spitze hin auf.
10. Platziere die fertigen Poğaças auf einem mit Backpapier ausgelegtem Backblech. Lasse sie zugedeckt erneut 15 Minuten gehen.
11. Heize in der Zwischenzeit den Backofen auf 180°C Ober- und Unterhitze vor.
12. Verquirle das Ei und bestreiche die Oberfläche der Poğaças gleichmäßig mit Hilfe eines Küchenpinsels.
13. Streue Sesam auf und backe die Bleche nacheinander im unteren Drittel des Backofens für 18-20 Minuten backen.

Nice to know

Wenn du mit einem Messer einmal längs um die Kartoffel herum schneidest, kannst du nach dem Kochvorgang dessen Schale einfacher entfernen. Die Garzeit beträgt je nach Kartoffelgröße 20 – 25 Minuten.

Briwat

[br̝iʍat] arabisch

60 Stück | 120 Minuten | 0,15 € | Einfach

Zutaten:

1 Knoblauchzehe
2 Zwiebeln
2 EL Sonnenblumenöl
1.000 g Rinderhack
1 EL Paprikamark, mild
70 g Erbsen
50 g Petersilie
2 TL Salz
1 TL Kreuzkümmel
2 TL Curry mild
1 TL Kurkuma
450 g Filoteig

Außerdem:
500 ml Frittieröl

Nährwerte pro Stück:

70 kcal / 293 kJ
5 g Kohlenhydrate
4 g Eiweiß
4 g Fett

Briwat sind marokkanische Frühlingsrollen, die du nach Herzenslust befüllen kannst. Ich zeige dir die Hackfleisch-Erbsen-Variante. Falls du gerne etwas auf Vorrat zubereiten möchtest, dann friere die unfrittierten Briwats ganz einfach ein. So halten sie bis zu 3 Monate und du kannst dir jederzeit ein paar Briwats herausnehmen, auftauen und frittieren.

Zubereitung:

1. Schäle zuerst **Knoblauch** und **Zwiebeln** und hacke beides.
2. Erhitze das **Sonnenblumenöl** in einer Pfanne und brate das **Rinderhack** bei Stufe 7 von 9 darin an.
3. Gib Zwiebeln und Knoblauch hinzu und gare nun bei mittlerer Hitze alles für weitere 2 Minuten.
4. Rühre nun das **Paprikamark** in die Pfanne und gib **Erbsen** und **Petersilie** hinzu. Würze alles mit **Salz**, **Kreuzkümmel**, **Curry** und **Kurkuma**. Die Füllung ist nun fertig.
5. Lege nun ein Blatt des **Filoteigs** auf eine saubere Arbeitsfläche und halbiere ihn senkrecht. Nimm hierfür einen Teig- oder Pizzaroller zur Hand.
6. Gib 1 TL der Füllung auf das untere Ende einer der Hälften und klappe den Teig so ein, dass ein Dreieck entsteht. Dann den Teig immer wieder umklappen, bis das Ende erreicht ist. Verschließe dieses, indem der Teig vorher mit etwas Leitungswasser befeuchtet wird.
7. Verfahre mit dem restlichen Teig und der Füllung ebenso.
8. Erhitze das **Frittieröl** in einem Topf und frittiere die Briwats darin für 45 Sekunden.

Nice to know

Du kannst für dieses Rezept den asiatischen Filoteig verwenden. Achte beim Kauf darauf, dass es der Selbe ist, der für Frühlingsrollen verwendet wird. Zum Verschließen des Teiges mit Leitungswasser, können die Finger genutzt werden. Ein Pinsel o. ä. ist nicht notwendig. Das Öl hat die richtige Temperatur, wenn sich an einem Schaschlickspieß kleine, schnell nach oben steigende Bläschen bilden. Möchtest du die Briwats im Ofen backen? Dann bepinsle zuvor mit zerlassener Butter und backe sie bei 200°C Ober- und Unterhitze für circa 15-20 Minuten, bis sie goldbraun werden.

Hummus

[ħommus] arabisch

12 Portionen | 1 h 40 Min | 0,25 € | Einfach

Zutaten:

400 g Kichererbsen, trocken
2 TL Backpulver
3 EL Tahina (Sesampaste)
4 TL Naturjoghurt 3,5%
2 EL Olivenöl
1 mittelgroße Zitrone
¾ TL Salz
⅓ TL weißer Pfeffer
½ TL Kreuzkümmel
2 Knoblauchzehen
eventuell etwas Wasser für die gewünschte Konsistenz

Zum Servieren:
2 EL Olivenöl
½ TL Paprikapulver, edelsüß
etwas Petersilie, fein gehackt

Nährwerte pro Portion:

152 kcal / 636 kJ
14 g Kohlenhydrate
7 g Eiweiß
6 g Fett

Hummus besteht zum Großteil aus pürierten Kichererbsen. Dies ist ein palästinensisches Traditionsrezept. Dipst du einmal in den cremigen Hummus, so kannst du nicht mehr aufhören - es ist eine Liebeserklärung der orientalischen Küche. Ob als Vorspeise, zum Frühstück, oder als Snack mit gestiftetem Gemüse: Hummus ist manchmal alles, was du brauchst!

Spread Hummus - not hate.

Zubereitung:

1. Fülle als erstes eine Schüssel mit kaltem Wasser und gib die **Kichererbsen** hinein. Lasse die Kichererbsen darin für mindestens 8 Stunden einweichen.
2. Gib die Kichererbsen nach der Einweichzeit zusammen mit dem Wasser in einen großen Topf. Füge das **Backpulver** hinzu und lasse es einmal aufkochen.
3. Schöpfe mit einer Kelle den Schaum ab, lege einen Deckel auf den Topf und lasse die Kichererbsen für mindestens 1 Stunde, besser noch 1,5 Stunden, kochen.
4. Nimm 2 – 3 Esslöffel der Kichererbsen aus dem Topf und stelle sie in einer kleinen Schale zur Seite. Diese werden später für die Deko benötigt.
5. Gieße die restlichen Kichererbsen ab und wasche sie unter fließendem Wasser. Gib sie dann in eine ausreichend große Schüssel und püriere sie mit Hilfe des Stabmixers ganz fein, sodass eine Paste entsteht.
6. Füge **Tahina**, **Joghurt** und **Olivenöl** hinzu und mixe nochmals alles durch.
7. Halbiere die **Zitrone** und presse sie aus. Gib den Saft ebenfalls in die Schüssel und vermische alles.
8. Würze die Paste mit **Salz**, **weißem Pfeffer** und **Kreuzkümmel**. Schäle den **Knoblauch** und presse ihn ebenfalls in die Schüssel. Vermenge alles ordentlich.
9. Decke die Schüssel mit Frischhaltefolie ab und stelle den Hummus für 2 Stunden in den Kühlschrank, damit alles gut durchziehen kann.
10. Streiche einige Löffel des Hummus auf einem Teller glatt und forme mit Hilfe des Löffels eine Mulde in der Mitte. Ziehe ebenfalls mit dem Löffel einen Kreis um die Mulde herum.
11. Gib in die Mulde und die Furche des Kreises **Olivenöl**, bestreue alles mit **Paprikapulver**, verteile die zur Seite gelegten Kichererbsen in der Mulde und garniere zum Schluss alles mit der gehackten **Petersilie**.

Nice to know

Die Kichererbsen solltest du am besten über Nacht einweichen lassen. Kichererbsen dürfen nicht trocken verzehrt werden, da sie ansonsten giftig sein können. Das Protein Phasin wird nach 20 Minuten kochen denaturiert, erst dann ist es nicht mehr gefährlich für den Menschen. Der Kreuzkümmel wirkt einem Blähbauch entgegen. Entscheide selbst, wie sämig der Hummus sein soll. Je nachdem kann noch etwas Joghurt oder Wasser hinzugefügt werden. Auch die Menge des Zitronensaftes ist Geschmackssache. Gib diesen daher nach und nach hinzu und probiere immer wieder, ob dir die Menge bereits reicht. Der Hummus hält sich im Kühlschrank ca. 3 – 4 Tage. Traditionell wird Hummus mit arabischem Fladenbrot gegessen. Der Joghurt kann auch durch Wasser ersetzt werden.

Knoblauch-Naan

[nān] hindi

6 Portionen | 60 Minuten | 0,30 € | Einfach

Zutaten:

400 g Mehl
¾ TL Salz
1 TL Zucker
1 ½ TL Trockenhefe
½ TL Backpulver
160 Milch, lauwarm
120 g Naturjoghurt 3,5%
1 ½ TL Olivenöl
1 EL Mehl für die Arbeitsfläche
3 Knoblauchzehen
30 g zerlassene Butter
1 TL Schwarzkümmelsamen
1 TL Sesam

Nährwerte pro Portion:

371 kcal / 1553 kJ
54 g Kohlenhydrate
10 g Eiweiß
12 g Fett

Wenn du mich nach meinem Lieblingsduft fragst, antworte ich: "der von frisch gebackenem Brot". Und wenn er dann noch mit Knoblauch verfeinert wird gibt es nichts, was mich glücklicher machen könnte. Wenn du die Ruhzeit außer Acht lässt, benötigt mein frisches Knoblauch-Naan nur 10 Minuten Zubereitungszeit.

Zubereitung:

1. Gib **Mehl**, **Salz**, **Zucker**, **Trockenhefe**, **Backpulver**, **Milch** und **Naturjoghurt** nacheinander in eine Schüssel und verknete alles zu einem Teig.
2. Benetze den Teig mit dem **Olivenöl** und lasse ihn mit einem Geschirrtuch bedeckt für 45 Minuten gehen.
3. Heize währenddessen den Backofen auf 220 °C Ober-/Unterhitze vor.
4. Streue eine Arbeitsfläche mit **Mehl** aus und teile den Teig in 6 Teiglinge.
5. Ziehe die Teiglinge mit den Händen oval in die Länge.
6. Schäle und hacke die **Knoblauchzehen** und verteile diese auf dem Teig.
7. Streue **Schwarzkümmelsamen** und **Sesam** über den Teig.
8. Erhitze eine Pfanne, Öl wird nicht benötigt und röste die Brote bei mittlerer Wärmezufuhr (Stufe 7 von 9) nacheinander goldbraun an.
9. Gib die Brote auf einem mit Backpapier ausgelegtem Backblech im unteren Drittel in den Backofen und lasse sie in 4-5 Minuten hellbraun backen. Achte darauf, dass sie nicht zu dunkel werden, da sie sonst zu sehr trocknen.
10. Streiche die fertigen Naan mit der **zerlassenen Butter** ein.

Nice to know

Die Brote werden mit den Händen geformt, damit sie nach dem Backen schön fluffig sind. Mit einem Teigroller würde der Teig zu flachgedrückt werden. Die Brote schmecken am Besten, wenn du sie frisch servierst. Du kannst sie für den nächsten Tag luftdicht verpacken.

Kikis
Sumak

Mussakhan Röllchen

[mussachan] arabisch

22 Portionen | 60 Minuten | 0,60 € | Einfach

Zutaten:

Für die Füllung:
4 mittelgr. Zwiebeln
2.000 ml Wasser
2 ganze Hähnchenbrustfilets (circa 1.200 g)
100 g Pinienkerne
1 ½ TL Salz
⅓ TL Pfeffer
⅓ TL Zimt
5 Safranfäden
2 EL Sumak
50 g Olivenöl
360 g Yufkabrot- alternativ: Tortilla- oder Lavashbrot

Nach dem Backen:
5 EL Olivenöl
3 EL Sumak
300 g Naturjoghurt 3,5 % (zum Servieren)

Nährwerte pro Portion:

164 kcal / 686 kJ
6 g Kohlenhydrate
14 g Eiweiß
9 g Fett

Mussakhan ist ein traditionell palästinensisches Gericht und eine für Europäer neue Art Hähnchen zu würzen. Denn es wird hauptsächlich Sumach (Essigbaumgewürz) verwendet. Sumach ist reich an Antioxidantien und wirkt entzündungshemmend. Er schmeckt angenehm säuerlich und dabei leicht fruchtig. Traditionell wird für Mussakhan das Fleisch aus einem Bett aus Lavashbrot gelegt. Die fancy Variante, diese in Yufkabrot einzurollen, kenne ich von meiner palästinensischen Schwiegermutter. Die Variante ist in Palästina und Jordanien ebenfalls weit verbreitet. Du kannst sie perfekt als Fingerfood zubereiten. Zu den Röllchen kann auch Salat gereicht werden. Vor den Röllchen isst man gerne eine Suppe. So reichen diese als Hauptgang.

Zubereitung:

1. Schäle als erstes die **Zwiebeln** und schneide sie in Streifen.
2. Bringe nun in einem großen Topf **Wasser** zum Kochen und gare die **Hähnchenbrustfilets** für ca. 30 Minuten darin.
3. Röste in der Zwischenzeit in einer Pfanne die **Pinienkerne** an und stelle sie anschließend in einem tiefen Teller zur Seite.
4. Nimm die Hähnchenbrustfilets aus dem Topf, lasse sie kurz ausdampfen und zupfe die Filets dann mit den Händen auseinander, sodass am Ende nur noch kleine Stücke übrig sind.
5. Gib **Salz**, **Pfeffer**, **Zimt**, **Safranfäden** und **Sumak** zur Hähnchenbrust, vermenge alles gut und stelle es zur Seite.
6. Dünste in einem Topf, in dem zuvor etwas **Öl** erhitzt wurde, die Zwiebeln an. Das dauert ungefähr eineinhalb Minuten. Gieße nach und nach das restliche Öl hinzu.
7. Füge anschließend die Hähnchenbrust zu den Zwiebeln in den Topf und brate alles für 2 – 3 Minuten an.
8. Schalte die Wärmezufuhr aus und vermenge nun noch die Pinienkerne unter die Mischung.
9. Nimm jetzt das **Lavash-Brot** und verteile die Füllung auf den unteren Rand der langen Seite des Brotes. Rolle das Lavash-Brot nun etwas auf, so dass die Füllung ummantelt ist und schneide das restliche Brot ab.
10. Schneide das gefüllte Brot in beliebig große Stücke und verfahre mit dem restlichen Brot und der Füllung genauso.
11. Gib die Röllchen auf ein mit Backpapier ausgelegtes Backblech und stelle dieses für 10 Minuten in den auf 200 °C Ober-/Unterhitze vorgeheizten Backofen.
12. Bestreiche die goldbraunen Röllchen zum Schluss noch mit **Olivenöl** und bestreue sie mit **Sumak**.
13. Traditionell werden die Musakhan Röllchen mit **Joghurt** gegessen.

Nice to know

Der Zimt kann weggelassen werden, wenn du keinen magst. Wenn man den Safran zwischen den Händen reibt, wird er feiner. Das Wasser, in dem die Hähnchenbrustfilets gegart wurden, nicht wegkippen. Darin lässt sich z. B. der Reis garen. Magst du den Geschmack von Olivenöl nicht so gerne, kannst du auch geschmolzene Butter zum Bestreichen der Röllchen verwenden.

Panierte Böreks

[börek] türkisch

22 Stück | 45 Minuten | 0,20 € | Einfach

Zutaten:

Für die Panade:
2 Eier (M)
100 ml Milch
150 g Sonnenblumenöl
Für die Schafsk.sefüllung:
280 g Fetakäse
2 EL gehackt frische Petersilie
60 g geriebenen Goudakäse

Für den Teig:
1 Paket dreieckiger Yufkateig (Üçgen Yufka)
100 g Paniermehl

Nährwerte pro Stück:

165 kcal / 690 kJ
14 g Kohlenhydrate
6 g Eiweiß
10 g Fett

Börek gibt es in 1001 verschiedenen Varianten - diese hier is einer meiner Liebsten. Dabei ist die panierte Yufkahülle gar nicht so traditionell, sondern vielmehr meine Neuinterpretation. Statt sie zu frittieren, bereite ich sie im Backofen zu. Die Kunsperpanade sorgt für den Crunch und auf der Festtafel sind die panierten Böreks als aller Erstes aufgefuttert. Bist du bereit für den allzeit beliebten Fingerfood-Allrounder?

Zubereitung:

1. Gib zunächst die **Eier** zusammen mit **Milch** und **Sonnenblumenöl** in eine Rührschüssel und verquirle alles gut mit Hilfe eines Schneebesens.
2. Zerdrücke nun den **Fetakäse** mit einer Gabel. Hacke die **Petersilie** fein und mische sie gemeinsam mit dem **geriebenen Goudakäse** unter den Fetakäse.
3. Lege eine Lage des **Yufakteiges** auf eine saubere Arbeitsfläche und streiche ihn mit der Eier-Mischung auf der Oberseite komplett ein. Gib dann auf die lange Seite des Teiges etwas von dem Schafskäse, klappe die Seiten ein und rolle den Teig zur spitzen Seite hin auf.
4. Fülle das **Paniermehl** in einen tiefen Teller. Tauche die fertigen Röllchen nun zunächst in die Eier-Mischung und wälze sie anschließend im Paniermehl.
5. Heize den Backofen auf 200 °C Ober-/Unterhitze vor. Lege die Röllchen auf ein mit Backpapier ausgelegtes Backblech und backe die Sigara Böreks für 20 Minuten.
6. Die Sigara Böreks sollten warm verzehrt werden. Sie lassen sich am nächsten Tag auch noch einmal im Backofen oder in der Mikrowelle anwärmen.

Nice to know

Du kannst die Böreks auch am Vortag zubereiten. Lagere sie einfach zugedeckt im Kühlschrank und backe sie dann nach Anleitung im Backofen. Auch Einfrieren ist kein Problem. Du kannst sie ungebacken einfrieren und nach dem Auftauen gemütlich im Ofen backen. Die Böreks kannst du, anstatt diese im Ofen zu backen, auch in Fett frittieren.

HAUPTGERICHTE MIT FLEISCH

S. 38 - 59

Dieses Kapitel ist mein persönlicher Hauptteil, der Höhepunkt. Schon beim Durchblättern läuft mir das Wasser im Munde zusammen. Die Gewürze und das Zusammenspiel der Zutaten ergeben traumhafte Gerichte, wie in einem Sternerestaurant.

Dies ist eine vielfältige Sammlung orientalischer Rezepte - einfach und verständlich erklärt. In diesem Kapitel wirst du wohlmöglich die meiste Zeit verbringen. Ich wünsche dir viel Freunde beim Nachkochen und Genießen!

Köfte bil Tahina

[kufteh bil tahina] arabisch

5 Portionen | 60 Minuten | 1,30 € | einfach

Zutaten:

2 Zwiebeln
30 g (Handvoll) Petersilie
30 g (Handvoll) Koriander
700 g Rinderhackfleisch
2 TL Kreuzkümmel
1 TL Paprikapulver, edelsüß
½ TL Zimt
1 TL Salz
½ TL Pfeffer

Außerdem:
2 große Tomaten
3 mittelgroße Kartoffeln (vorwiegend festkochend)
⅓ TL Salz
Messerspitze Pfeffer

Für die Tahinasoße:
2 Knoblauchzehen
60 g Tahina
2 EL Naturjoghurt 10 %
300 ml kochendes Wasser
2 EL Olivenöl
4 EL Zitronensaft
1 TL Salz

Zum Garnieren:
30 g (Handvoll) Petersilie

Du magst Soßen in Verbindung mit Fleisch? Probiere diesen arabischen Hackauflauf mit Sesamsoße. Tahina ist eine Sesampaste aus fein gemahlenen Sesamkörner. Du kennst ihn sicher schon als Dip, in Hummus oder in Kombination mit Falafel. Als Soße macht sie aber auch eine sehr gute Figur. Guten Appetit!

Zubereitung:

1. Heize zunächst den Backofen auf 200 °C Ober-/Unterhitze vor.
2. Schäle die **Zwiebeln** und reibe sie fein.
3. Putze Petersilie und Koriander und hacke beides.
4. Gib das **Rinderhackfleisch** in eine große Schüssel und füge **Zwiebeln, Petersilie, Koriander, Kreuzkümmel, Paprika, Zimt, Salz u**nd **Pfeffer** hinzu. Verknete alles ordentlich miteinander.
5. Nimm eine Auflaufform zur Hand und fülle die Hackfleischmasse hinein. Drücke diese mit den Fingern etwas an.
6. Schäle die Kartoffeln und schneide sie in 5 mm dicke Scheiben.
7. Wasche die Tomaten und schneide diese ebenfalls in Scheiben.
8. Belege die Hackmasse zuerst mit den Kartoffel- und anschließend mit den Tomatenscheiben.
9. Backe alles für 40 Minuten im Ofen.
10. Schäle in der Zwischenzeit den **Knoblauch** und hacke diesen fein.
11. Vermische ihn zusammen mit **Tahina, Joghurt, Wasser, Olivenöl, Zitronensaft** und **Salz** und gieße ihn über den Auflauf. Backe diesen dann für weitere 5 Minuten.
12. Hacke die Petersilie und streue ihn zum Schluss über den Auflauf.

Nährwerte pro Portion:

433 kcal / 1812 kJ | 20 g Kohlenhydrate | 46 g Eiweiß | 18 g Fett

Nice to know

Zu den Köfte mit Tahinasoße passt am besten Reis.
Du kannst das Fleisch auch bereits Stunden zuvor vorbereiten und anschließend in den Ofen geben.

Kabsa mit Hähnchen

[kapsa] arabisch

4 Portionen | 70 Minuten | 3,00 € | Mittel

Zutaten:

2 ½ EL Butter
1 EL Butter Ghee
2 Zimtstangen
5 grüne Kardamomkapseln
1 daumengroßes Stück Ingwer
3 Knoblauchzehen
2 große Zwiebeln
1 TL Kreuzkümmel
5 Nelken
(oder gemahlen ½ TL)
1 TL Koriander
½ TL Garam Masala
Messerspitze Chiliflocken
1 ½ TL Salz
Messerspitze Pfeffer
400 g Tomaten ohne Haut, z.B. Konserve
4 Hähnchenschenkel
kochendes Wasser (circa 1.000 ml)
400 g Basmati Langkornreis (zuvor unter fließendem Wasser 3 Minuten lang spülen)
3 Zitronenscheiben
2 mittelgroße Möhren, fein geraspelt

Außerdem:
100 g Cashewkerne
50 g Rosinen
1 EL Sonnenblumenöl zum Anbraten

Kabsa ist ein arabisches Reisgericht mit unverwechselbaren Gewürzen und köstlichem Hähnchen. Der Ursprung von Kabsa wird im Jemen vermutet, mittlerweile ist er allerdings auf der gesamten arabischen Halbinsel verbreitet worden. Wenn du dieses Gericht nachkochst, tauchst du in eine wunderbare Gewürzwelt ein, die du so schnell nicht vergessen wirst.

Zubereitung:

1. Gib zunächst die **Butter** zusammen mit dem **Butter Ghee** in eine Pfanne und lasse beides bei mittlerer Wärmezufuhr schmelzen.
2. Füge anschließend die **Zimtstangen** und die **Kardamomkapseln** hinzu und röste diese an.
3. Hacke währenddessen den Ingwer, schäle den Knoblauch und schneide ihn fein.
4. Nach einer Minute werden **Ingwer** und **Knoblauch** ebenfalls in die Pfanne gegeben und für eine Minute angedünstet.
5. Schäle in der Zwischenzeit die **Zwiebeln**, halbiere und hacke sie grob.
6. Die Zwiebeln in die Pfanne geben und für zwei Minuten ebenfalls andünsten.
7. Würze nun alles mit **Kreuzkümmel, Nelken, Koriander, Garam Masala, Chiliflocken, Salz** und **Pfeffer**. Lösche den Inhalt der Pfanne mit den **Tomaten** ab.
8. Lasse den Pfanneninhalt für 5 Minuten köcheln.
9. Lege danach die **Hähnchenschenkel** in die Pfanne und brate diese von beiden Seiten ca. 3-5 Minuten lang an.
10. Gieße im Anschluss so viel **kochendes Wasser** in die Pfanne, dass die Hähnchen schenkel knapp bedeckt sind.
11. Lege anschließend den Deckel auf die Pfanne und lasse alles für 25 Minuten weiterköcheln.
12. Nimm nach Ende der Garzeit die Hähnchenschenkel aus der Pfanne und lege sie auf ein mit Backpapier ausgelegtes Backblech.
13. Gib den **Reis** in den Tomatensud und achte darauf, dass er vom Wasser bedeckt ist. Du kannst gerne noch etwas Wasser hinzugeben. Lasse anschließend alles einmal kurz aufkochen.
14. Lege die **Zitronenscheiben** in die Pfanne zum Reis. Jetzt kommen noch geraspelte **Möhren** hinzu. Den Reis bei niedriger Wärmezufuhr für ca. 25 Minuten garen.
15. In der Zwischenzeit die Hähnchenschenkel bei 190 °C Ober- und Unterhitze für 15-20 Minuten im Backofen kross backen.
16. Röste die **Cashewkerne** und die **Rosinen** in etwas **Sonnenblumenöl** in einer zweiten Pfanne an. Serviere auf einem großen Teller nacheinander Reis, Hähnchenschenkel, Cashewkerne und Rosinen.

Nährwerte pro Portion:

886 kcal / 3709 kJ | 104 g Kohlenhydrate | 27 g Eiweiß | 36 g Fett

Nice to know

Solltest Du frische Tomaten verwenden, dann achte darauf, dass Du sie vorher von der Schale befreist und bevor Du sie in die Pfanne gibst reibst. Anstatt Achte beim Kochen der Hähnchenschenkel auf die Dicke. Die Garzeit von 25 Minuten könnte sich verlängern oder verkürzen. Prüfe, ob die Hähnchenschenkel gar sind. Den Reis vor dem Kochen immer abspülen, damit er nicht klebt.

Fattet Djaj

[fättet dschatsch] arabisch

8 Portionen | 90 Minuten | 1,60 € | Mittel

Zutaten:

1 Hähnchen
reichlich Wasser (circa 2-2,5l)
1 EL Salz
1 TL Pfeffer
1 ½ TL Kreuzkümmel
1 TL Curry
½ TL Zimt
⅓ TL Ingwer, gemahlen
⅓ TL Nelken, gemahlen
1 EL Essig, z.B. Apfelessig
2 EL neutrales Öl
1 große Zwiebel
1 Knoblauchzehe
2 EL Tahina (Sesampaste)
1 Limette
1 TL Thymian, getrocknet
300 ml Brühe für die Weiterverarbeitung aufbewahren

Für die Brotchips:
2 Fladenbrote, libanesische Art
5 EL Sonnenblumenöl

Außerdem:
400 g Kichererbsen, z.B. schon vorgekocht aus der Dose
1 TL Minze, getrocknet
800 g Naturjoghurt 3,5%

Für die Garnitur:
150 g Cashewkerne
5 EL Sonnenblumenöl
4 EL Olivenöl
30 g gehackte Petersilie

Fattet Djaj ist würziges Hähnchen mit arabischen Brotchips, Kichererbsen und Joghurt. Ich habe es durch meine palästinensische Schwiegerfamilie kennen und lieben gelernt. Eine gelungene Kombination, aus Hähnchenfleisch mit Joghurt, sowie Brotchips, Sesampaste und Kichererbsen, die man den Gästen ganz frisch serviert.

Zubereitung:

1. Wasche das **Hähnchen** gründlich und entferne die Innereien.
2. Stelle einen großen Topf auf den Herd, fülle ihn mit einem Liter **Wasser** und gib die Gewürze (Salz, Pfeffer, Kreuzkümmel, Curry, Zimt, Ingwer, Nelken) hinzu, **Essig** und **Öl** hinein. Verrühre alles miteinander.
3. Lege nun das Hähnchen zusammen mit der ganzen **Zwiebel** in den Topf und fülle so viel **Wasser** nach, bis das Hähnchen bedeckt ist.
4. Bringe das Wasser zum Kochen und lasse alles für 30 – 45 Minuten bei geschlossenem Deckel köcheln. Nimm nach Ende der Garzeit das Hähnchen aus der Brühe und lasse es für 15 Minuten abkühlen.
5. Für die Brotchips die **Fladenbrote** einmal in der Mitte auseinanderziehen, sodass du zwei dünne Brot erhältst. Diese in Rechtecke schneiden und in neutralem **Öl** für 30-40 Sekunden goldbraun frittieren. Auf Küchenkrepp abtropfen lassen.
6. Löse die Haut von dem Hähnchen und zupfe das Fleisch in kleine Stücke. Gib das Fleisch in eine Schüssel. Schäle und presse den **Knoblauch** und gib diesen zum Hähnchen.
7. Füge anschließend **Tahina** hinzu und gieße circa 150 – 200 ml von der Brühe hinein. Alles gut vermengen.
8. Halbiere die **Limette** und presse zunächst eine Hälfte aus. Gib den Saft zum Hähnchen und rühre ihn unter. Probiere dann, ob es dir schon sauer genug ist. Falls nicht, presse auch die zweite Hälfte aus und mische auch diesen Saft unter.
9. Gib noch etwas **Thymian** unter die Hähnchen-Mischung und füge noch so viel von der Brühe hinzu, dass fast alles bedeckt ist.
10. Kippe die **Kichererbsen** aus der Dose in einen Topf und koche diese für 5 Minuten.
11. Verteile die Brotchips auf einem großen Servierteller, gib das Hähnchen und die Kichererbsen darüber. Bewahre dir 3 Esslöffel für die spätere Deko über.
12. Vermische Hähnchen und Kichererbsen auf dem Servierteller mit Hilfe von zwei Esslöffeln und verteile den mit **Minze** vermengten **Joghurt** über die Mischung, sodass alles gut bedeckt ist.
13. Brate die **Cashewkerne** in heißem **Sonnenblumenöl** in einer Pfanne an und streue diese über den Joghurt. Auch die restlichen Kichererbsen kannst du als Deko auf den Joghurt geben.
14. Beträufle alles mit etwas **Olivenöl** und streue noch etwas **Petersilie** darüber.

Nährwerte pro Portion:

765 kcal / 3202 kJ | 35 g Kohlenhydrate | 36 g Eiweiß | 52 g Fett

Nice to know

Die Brühe, in der das Hähnchen gegart wurde, nicht wegkippen. Hieraus kann eine Suppe gekocht werden. Das Fatteh am besten sofort nach dem Anrichten servieren, damit die Brotchips noch Biss haben. Du kannst Reis als Beilage servieren.

Kikis Spezial-Köfte

[köfte] türkisch

4 Portionen | 45 Minuten | 2,10 € | einfach

Zutaten:

800 g Rindergehacktes
1 TL Kreuzkümmel
⅓ TL Paprikaflocken, scharf
1 TL Paprikapulver edelsüß
1 gestrichenen TL Salz
Messerspitze Pfeffer
4 EL Paniermehl
1 TL Backpulver
1 Zwiebel
80 ml Mineralwasser
mit Kohlensäure
30 g (eine Hand voll) Petersilie,
fein hacken

Außerdem:
etwas Sonnenblumen- oder
Rapsöl für das Backblech

Paprikasoße:
2 EL Olivenöl
1 EL Paprikamark, mild
2 TL Mehl
½ TL Salz
½ TL Zucker
½ TL Oregano
½ TL Minze
Messerspitze Chilipulver
300 ml kochendes Wasser

Knoblauchjoghurt:
400 g Naturjoghurt, 3,5%
1 Knoblauchzehe
⅓ TL Salz

Köfte sind Hackfleischbällchen und es gibt sie in hunderten von Variationen. Ich zeige dir mein Spezialrezept mit zwei Geheimzutaten: Mineralwasser und Backpulver! Das Geniale ist, dass du dieses Rezept nicht nur unendlichen lieben wirst, sondern auch zu allen Gelegenheiten zubereiten kannst. Ob in der Pfanne, im Backofen oder auf dem Grill: meine Spezial-Köfte sind ein Traum! Außen leicht knusprig, innen saftig. Während ich diese Zeilen tippe, läuft mir das Wasser im Mund zusammen. Also geht es am besten gleich mit den Zutaten und der Zubereitung.

Zubereitung:

1. Gib zunächst das **Hackfleisch** in eine Rührschüssel und füge dann **alle Zutaten** hinzu.
2. Knete das Ganze für 5 – 7 Minuten mit den Händen gut durch.
3. Stelle die Schüssel anschließend für eine halbe Stunde in den Kühlschrank, damit alles gut durchziehen kann.
4. Forme danach mit feuchten Händen die Köfte.
5. Lege ein Backblech mit Backpapier aus und **öle** es leicht ein, damit nichts haften bleibt.
6. Gib das Backblech mit den Köfte in den auf 210 °C Ober-/Unterhitze vorgeheizten Backofen und backe sie für 25 Minuten. Die genaue Backdauer hängt von der dicke der Köfte ab. Prüfe des Öfteren, ob sie durch sind.
7. Für die Paprikasoße gibst du **Olivenöl** in einen Topf, erhitzt dieses und röstest das **Paprikamark** darin kurz an. Gib Mehl hinzu und rühre alles zügig um. Lösche das Mehlgemisch mit dem **Wasser** ab und rühre die Masse klümpchenfrei.
8. Gib alle Gewürze (**Salz, Zucker, Oregano, Minze und Chilipulver).** Rühre alles um und koche die Soße kurz auf. Stelle sie anschließend beiseite.
9. Fülle den **Joghurt** in eine kleine Schale. Schäle den Knoblauch und presse ihn in den Joghurt. Schmecke den Joghurt mit **Salz** ab.
10. Serviere die Köfte mit Paprikasoße und Joghurt. Dazu passt Reis.

Nährwerte pro Portion:

588 kcal / 2461 kJ | 17 g Kohlenhydrate | 32 g Eiweiß | 62 g Fett

Nice to know

Mineralwasser macht die Köfte fluffiger. Backpulver lässt sie etwas aufgehen und macht sie krosser. Forme die Köfte daher nicht zu dick, sie gehen noch etwas auf. Achte darauf, dass dein Hackfleisch nicht zu fettig ist. Hast Du keine Zeit, um das Hackfleisch im Kühlschrank ruhen zu lassen, dann kannst du es auch sofort zu Köfte verarbeiten.

Gefüllte Kartoffelschiffe

[patatesli tavuk] türkisch

3 Portionen | 50 Minuten | 1,60 € | Einfach

Zutaten:

4 mittelgroße Kartoffeln
1 Hähnchenbrust (250 g)
2 EL Olivenöl
½ TL Salz
Messerspitze Pfeffer

Für die Soße:
1 Knoblauchzehe
ausgehöhltes Innenleben der Kartoffeln
40 ml Wasser
200 ml Milch
100 ml Sahne
1 TL Salz
1 TL Thymian
½ TL Paprika edelsü.
1 TL Salz
Messerspitze Pfeffer
⅓ TL Kurkuma
1 TL Currypulver mild

Zum Überbacken:
60 g Gouda, gerieben

Dieses Rezept für gefüllte Kartoffeln mit orientalisch gewürztem Hähnchen wirst du von nun an sicher regelmäßig auftischen. Die Kartoffeln werden halbiert, ausgehöhlt und mit Hähnchenbrust, sowie leckerer heller Soße befüllt. Hier kannst du einfach nur schwärmen und genießen.

Zubereitung:

1. Schäle die **Kartoffeln**, halbiere sie und höhle sie mit Hilfe eines Teelöffels aus. Lasse dabei einen Rand von 4 – 5 mm stehen.
2. Lege die Kartoffeln in eine backofenfeste Pfanne oder Auflaufform.
3. Backe die Kartoffeln bei 220 °C Ober-/Unterhitze für 20 Minuten.
4. Schneide in der Zwischenzeit die **Hähnchenbrust** in kleine, mundgerechte Stücke, diese werden später in die Kartoffeln gefüllt.
5. Erhitze das **Olivenöl** bei mittlerer Wärmezufuhr in einer Pfanne und brate die Hähnchenbrust darin für 1 – 2 Minuten an. Würze sie mit **Salz** und **Pfeffer** und nimm die Hähnchenbrust anschließend aus der Pfanne.
6. Schäle und presse den **Knoblauch** und röste ihn in der Pfanne für 30 Sekunden an. Gib das innere der Kartoffeln hinzu, gieße Wasser an und koche den Pfanneninhalt auf. Lasse alles für 5 Minuten köcheln, bis die Kartoffeln weich gegart sind.
7. Püriere alles mit einem Stabmixer. Füge **Milch, Sahne , Salz, Thymian, Paprika, Pfeffer, Kurkuma** und **Currypulver** hinzu. Verrühre alles gut miteinander.
8. Nimm die Kartoffeln aus dem Backofen, belasse sie aber in der Backform. Fülle die Hähnchenbrust ein und übergieße alles mit der Soße.
9. Bestreue die Kartoffeln mit **Gouda** und überbacke sie für 10 – 15 Minuten im Ofen.

Nährwerte pro Portion:

506 kcal / 2118 kJ
35 g Kohlenhydrate
30 g Eiweiß
27 g Fett

Nice to know

Die ausgehöhlten Reste der Kartoffeln sollten nicht zu groß sein, damit sie während des Kochens schnell weich werden. Eine Mehlschwitze oder ein Soßenbinder ist nicht notwendig, da die Stärke der Kartoffeln für die Sämigkeit der Soße sorgt.

Lahmacun

[lachmadchun] türkisch

10 Portionen | 120 Minuten | 0,74 € | Mittel

Zutaten:

Teig:

480 – 500 g Mehl
130 ml lauwarme Milch
130 ml lauwarmes Wasser
115 g Olivenöl
21 g frische Hefe (oder 1 TL Trockenhefe)
1 ½ TL Salz
1 TL Zucker

Fleischfüllung:

400 g Hackfleisch
2 EL Tomatenmark
1 gestrichenen TL Salz
Messerspitze Pfeffer
⅓ TL Paprikaflocken, scharf
4 Zwiebeln
2 Peperoni, grün
65 g Olivenöl

Für den Salat:

4 rote Zwiebeln
3 Tomaten
½ Gurke
3 EL Olivenöl
1 Prise Salz
2 TL Sumak
30 g (Handvoll) frische Petersilie
2 EL Granatapfelsirup
2 TL Zitronensaft

Lahmacun ist mittlerweile auch in Europa sehr beliebt. Ein dünner Teig, der mit Hackfleisch belegt wird. Das Besondere ist, dass du Lahmacun in der Pfanne ausbackst. Das Fleisch gart in der Hitze deiner Pfanne, sodass du es zuvor nicht anbraten musst. Rolle deine Lahmacun als Wrap mit etwas Salat ein und lass dich von der Gewürzvielfalt überraschen.

Zubereitung:

1. Gib zunächst das **Mehl** in eine Rührschüssel und forme in der Mitte mit Hilfe der Finger eine Mulde. Dorthinein werden nun zuerst die flüssigen Zutaten, **Milch**, **Wasser** und **Olivenöl** gegeben und im Anschluss **Trockenhefe**, **Salz** und **Zucker** hinzugefügt.
2. Verknete den Teig mit den Händen ca. 4 – 5 Minuten zu einem homogenen Teig. Diesen dann rundherum mit etwas **Olivenöl** einreiben, in die Rührschüssel legen, mit einem Tuch bedecken und eine Stunde gehen lassen.
3. Füge das **Hackfleisch** zusammen mit dem **Tomatenmark** in eine Rührschüssel und würze alles mit **Salz, Pfeffer** und **Paprikaflocken**.
4. Schäle und reibe die Zwiebel. Entkerne die Peperoni und hacke diese. Gib beides ebenfalls zum Hackfleisch und verknete alles mit den Händen.
5. Gieße das **Olivenöl** in die Schüssel und verknete nochmals alles.
6. Nimm nun den Teig aus der Rührschüssel und stich Teiglinge von jeweils 70 - 80 Gramm ab. Rolle diese in den Händen zu Kugeln. Lege die Teiglinge auf eine mit Mehl bestäubte Arbeitsfläche und rolle sie flach aus.
7. Gib einen Esslöffel der Hackmasse auf den ausgerollten Teig und verteile diese ordentlich.
8. Hebe den Teig mit Hilfe eines Tortenhebers von der Arbeitsfläche und lege ihn in eine auf mittlerer Stufe vorgeheizte Pfanne. Verschließe die Pfanne mit dem Deckel und lass die Lahmacun für 4 – 5 Minuten backen. Anschließend aus der Pfanne nehmen und z. B. unter einer Glasglocke warmhalten.
9. Bereite die Zutaten für den Salat vor. Schäle und würfele **Zwiebeln**, **Tomaten** und **Gurken** und hacke die Petersilie. Alles zusammen kommt in eine Schüssel und wird mit **Sumak** gewürzt. Anschließend kommt **Olivenöl, Salz, Granatapfelsirup** und **Zitronensaft** hinzu. Alles einmal kurz durchmengen.
10. Serviere den Salat zusammen mit Lahmacun.

Nährwerte pro Portion:

501 kcal / 2096 kJ | 42 g Kohlenhydrate | 14 g Eiweiß | 30 g Fett

Nice to know

Der Teig kann auch mit einer Küchenmaschine geknetet werden. Benutzt du statt Trockenhefe, frische Hefe, musst du diese zunächst in der lauwarmen Milch auflösen. Wer es gerne schärfer mag, gibt noch etwas Chili zum Hackfleisch. Statt Tomatenmark und Olivenöl, kannst du auch eine gehackte Tomate zur Hackmasse geben. Die zweite Pizza wird mit der Fleischseite auf die Fleischseite der ersten gelegt. Immer Fleisch an Fleisch. Magst du Lahmacun eher knusprig, kannst du auf die Glasglocke verzichten.

Çipura

[tschipura] türkisch

2 Portionen | 50 Minuten | 6,00 € | Einfach

Zutaten:

2 Doraden (je 600 g)
½ TL Salz
⅓ TL Pfeffer
Für die Marinade:
1 Knoblauchzehe
2 EL Olivenöl
1 TL Paprikamark, mild
½ TL Salz
Messerspitze Pfeffer
1 TL Dill
½ TL Paprikaflocken, süß
Messerspitze Paprikaflocken, scharf

Für die Zwiebelbeilage:
3 rote Zwiebeln
1 EL Sumak
⅓ TL Salz

Für den gemischten Salat:
½ Kopf Kopfsalat
3 Tomaten
½ Salatgurke
4 Lauchzwiebeln
2 EL Petersilie
2 EL Olivenöl
1 EL Zitronensaft
½ TL Salz

Zum Servieren:
1 Zitrone

Doraden sind fett- und kalorienarm, sowie reich an Eiweiß, sowie Mineralstoffen. Ich zeige dir eine leckere Marinade, die meine Mama damals immer machte, damit wir Kinder unseren Fisch aufessen. Auch Hamza hat durch dieses Rezept das erste Mal seinen Fischteller aufgegessen. Denn auch wer keinen Fisch mag, sollte auf die gesunden Nährstoffe nicht verzichten.

Zubereitung:

1. Bereite zunächst die **Doraden** vor. Hierfür die Fische gründlich unter kaltem Wasser abwaschen und die Flossen abschneiden. Entschuppe nun beide Doraden. Halte sie an der Schwanzflosse fest, nimm ein Messer zur Hand und löse die Schuppen, indem das Messer vom Schwanz in Richtung Kopf gezogen wird, entgegen der Schuppenrichtung.
2. Wasche die Fische erneut unter fließendem, kalten Wasser ab und fühle mit den Fingern, ob sich noch Schuppen auf der Haut befinden. Falls dies der Fall ist, löse auch diese mit Hilfe des Messers, dass leicht kratzend über die Haut gezogen wird.
3. Spüle die Doraden nun nochmals unter fließendem Wasser ab und tupfe diese trocken, sofern sich keine Schuppen mehr auf der Haut entdecken lassen.
4. Schneide die Fische nun der Länge nach auf und entferne die Innereien. Spüle die Doraden innen und außen mit Wasser ab. Tupfe sie anschließend mit einem Küchenkrepp trocken und **salze** und **pfeffere** sie.
5. Lege beide Doraden mit der Innenseite nach oben auf ein Backblech, dass zuvor mit Backpapier ausgelegt wurde.
6. Schäle den Knoblauch und presse ihn in eine Schüssel. Füge **Olivenöl, Paprikamark, Salz, Pfeffer, Dill** und **Paprikaflocken** hinzu. Verrühre alles miteinander.
7. Streiche die Doraden mit der Marinade ordentlich ein und lasse sie im Ofen bei 200 °C Grillfunktion für 30 Minuten backen.
8. Schäle währenddessen die Zwiebeln und schneide sie in Ringe. Würze sie mit **Sumak** und **Salz**.
9. Zupfe den **Kopfsalat** und putze ihn. Wasche und schneide die **Tomaten** in Würfel. Wasche die **Salatgurke** und würfele sie ebenfalls. Putze die **Lauchzwiebeln** und schneiden sie in Ringe. Gib Salat, Tomaten, Gurke und Lauchzwiebeln zusammen mit **Petersilie**, **Olivenöl** und **Zitronensaft** in eine Schüssel, vermische alles und würze den Salat mit **Salz.**
10. Schneide die **Zitrone** in Scheiben.
11. Richte die Doraden auf Teller an, und serviere sie mit den Zwiebeln und dem Salat und garniere sie mit den Zitronenscheiben.

Nährwerte pro Portion:

636 kcal / 2662 kJ | 11 g Kohlenhydrate | 56 g Eiweiß | 41 g Fett

Nice to know

Sollte der Backofen keine Grillfunktion besitzen, kann Ober-/Unterhitze bei gleichbleibender Temperatur genutzt werden. Du kannst die Dorade samt Marinade auch einige Stunden zuvor vorbereiten und mit Frischhaltefolie verdeckt im Kühlschrank aufbewahren, ehe du ihn im Backofen garst. Dieses Rezept ist auch für den Grill geeignet. Ich rate dir dann, die Dorade nach dem Marinieren zuzuklappen. Sie benötigt bei hoher Hitzezufuhr circa 12-14 Minuten.

Mini Pastilla

[bɨstela] arabisch

8 Portionen | 2,5 Std. | 1,60 € | Mittel

Zutaten:

Für die Hähnchenfüllung:
4 EL Raps- oder Sonnenblumenöl
2 große Zwiebeln, fein gehackt
30 g (Handvoll) Koriander, gehackt
60 g (2 Handvoll) Petersilie, gehackt
1 daumenbreites Stück Ingwer
1 ½ TL Salz
⅓ TL Pfeffer
½ TL Zimt
1 TL Kurkuma
8 Fäden Safran
700 g Hähnchenbrust
500 ml Wasser
5 Eier (S oder M)

Für die Nussfüllung:
150 g gestiftete Mandeln
60 g Puderzucker
2 EL Orangenblütenwasser

Außerdem:
550 g Filoteig (Baklavateig)
200 g Butter, geschmolzen

Für die Dekoration:
2 EL Puderzucker
2 TL Zimt

Es gibt viele kulinarisch wertvolle Momente im Leben, die ich nicht vergessen werde. Diese werde ich jedoch ganz Besonders in Erinnerung behalten: das erste Mal Bastilla! Ich war 2016 auf einer marokkanischen Hochzeit. Nach einem Abend voller Tanz, Tradition und (Freuden-)Tränen gab es das festliche Abendessen: Hähnchen-Bastilla, geschmückt mit einer sanften Decke aus feinstem Puderzucker und köstlichem Zimt. Am selben Abend konnte ich an nichts anderes mehr denken als: warum habe ich diese Köstlichkeit nicht schon früher kennengelernt?

Zubereitung:

1. Erhitze zunächst das **Öl** in einer Pfanne und dünste die **Zwiebeln** zusammen mit **Koriander** und **Petersilie** darin glasig an.
2. Reibe den **Ingwer** und gib ihn zusammen mit **Salz, Pfeffer, Zimt, Kurkuma** eben falls in die Pfanne. Reibe die **Safranfäden** zwischen den Händen ein wenig fein, sodass die Fäden brechen und gib sie zu den Gewürzen.
3. Lege die **Hähnchenbrust** in die Pfanne und brate sie von beiden Seiten kurz an.
4. Fülle nun **Wasser** hinein, sodass die Hähnchenbrüste bedeckt sind und setze einen Deckel auf. Lasse alles für ca. 20 Minuten gar köcheln.
5. Röste währenddessen die **Mandeln** kurz in einer Pfanne an. Gib sie zusammen mit dem **Puderzucker** in den Mixer und mahle beides grob. Gieße das **Orangenblütenwasser** zu den Mandeln und verrühre alles gut.
6. Nimm die Hähnchenbrust aus dem Wasser und lege sie auf einen Teller. Schlage die Eier auf und rühre sie in das Wasser. Lasse diese Mischung dann für weitere 10 Minuten garen. Dadurch entsteht eine dicke Paste. Sollte die Flüssigkeit nicht verdampfen, weil du zu viel Wasser hinzugefügt hast, so kannst du sie durch ein feines Sieb geben und die Eiermasse auffangen.
7. Zupfe anschließend das Hähnchenfleisch klein. Es sollte in der Zwischenzeit etwas ab gekühlt sein, sodass du dir nicht die Finger verbrennst.
8. Nimm dir einen Dessertring oder beispielsweise einen Künefeteller mit ca. 11 cm Durchmesser zur Hand und kleide diesen mit dem **Filoteig** aus. Bestreiche den Teig mit Hilfe eines Pinsels mit etwas geschmolzener **Butter**. Lege nun zwei weitere Teiglagen in den Tortenring. Streiche jede Lage mit etwas Butter ein.
9. Schichte nun etwas von der Nuss-Mischung, etwas Paste und Hühnerbrust in den Ring und verschließe alles mit den Oberseiten des Teiges. Dabei auch wieder jede Lage mit Butter einpinseln. Schön andrücken und den Tortenring entfernen.
10. Heize den Backofen auf 180 °C Ober-/Unterhitze vor, lege die Bastillas auf ein mit Backpapier ausgelegtes Backblech und gib dieses für 20 – 25 Minuten in den Ofen. Die Filoblätter sollten dann schön braun sein. Bestreue die warmen Bastillas vor dem Servieren mit **Puderzucker** und **Zimt.**

Nährwerte pro Portion:

720 kcal / 3014 kJ | 47 g Kohlenhydrate | 38 g Eiweiß | 46 g Fett

Nice to know

Da Filoteig innerhalb von Minuten austrocknen kann, solltest du ihn während des Zubereitens immer mit einem Geschirrtuch abdecken. Wie lange die Hähnchenbrust tatsächlich benötigt, bis sie gar ist, hängt von der Größe und Dicke ab. Die Bastillas lassen sich ungebacken gut einfrieren und halten bis zu 3 Monate. Den Backofen nicht vorheizen und die unaufgetauten Bastillas ganz einfach bei 180°C Ober- und Unterhitze 30-32 Minuten backen, bis sie goldbraun sind.

Içli Köfte

[itschli köfte] türkisch

40 Portionen | 120 Minuten | 0,50 € | Mittel

Zutaten:

Für die Füllung:
80 g Pinienkerne
4 Zwiebeln
4 EL Sonnenblumenöl
700 g Rinderhack
160 g Butter
1 EL Paprikamark, mild
1 ½ TL Salz
½ TL Pfeffer
1 TL Paprikapulver, edelsü.
½ TL Kreuzkümmel

Für den Teig:
640 g Bulgur (Sorte: fein; köftelik)
170 g Weichweizengrieß
1 TL Salz
580 g kochendes Wasser
75 g Mehl
1 EL Paprikamark, mild
1 Ei (S oder M)
250 ml kaltes Wasser

Außerdem:
1 l Frittieröl

Für den Joghurt:
1 Knoblauchzehe
600 g Naturjoghurt 3,5 %
½ TL Salz
½ TL Paprikaflocken, süß

Içli Köfte bestehen aus einem festen Bulgurmantel, der mit Fleisch und Pinienkernen befüllt und anschließend frittiert werden. Für die fettarme Variante kannst du sie auch im Wasser garen. Die Zubereitung erfordert ein wenig Zeit, aber es lohnt sich!

Zubereitung:

1. Röste in einer fettfreien Pfanne bei mittlerer Hitze die **Pinienkernen** an bis sie gold braun sind.
2. Hacke die **Zwiebeln** fein. Erhitze das **Sonnenblumenöl** in einer ausreichend großen Pfanne und brate das **Hackfleisch** bei Stufe 7 von 9 circa vier Minuten lang krümelig an. Füge anschließend die Zwiebeln hinzu und dünste die Mischung so lange, bis die Flüssigkeit verdampft.
3. Füge **Butter, Paprikamark** und die Gewürze **(Salz, Pfeffer, Paprikapulver und Kreuzkümmel)** hinzu. Lasse alles 10-12 Minuten köcheln, bis sich die Flüssigkeit deutlich reduziert.
4. Rühre zum Schluss die Pinienkerne unter und stelle die Füllung beiseite.
5. Verrühre für den Bulgurmantel **Bulgur, Weichweizengrieß** und **Salz** in einer großen Rührschüssel und verrühre alles. Gib **kochendes Wasser** hinzu und lasse es zugedeckt 20 Minuten quellen.
6. Füge **Mehl, Paprikamark** und **Ei** hinzu und knete alles mit dem Rührhaken der Küchenmaschine (oder mit den Händen) langsam für circa 10-12 Minuten.
7. Gib im letzten Drittel der Knetzeit das **kalte Wasser** hinzu und knete so lange, bis eine feste Masse entsteht, die beim Zusammendrücken in den Handflächen die Form behält.
8. Stich 45 g schwere Teige aus. Knete sie mit befeuchteten Händen erst zu Bällen und beginne dann eine immer größer werdende Mulde zu formen. Die äußere Wand darf nun nicht mehr sehr dick sein, etwa 4 mm.
9. Fülle die Mulden mit 1 EL Hackfleischfüllung und verschließe sie. Versuche dich dabei an einer Zitrone zu orientieren. Das ist die traditionelle Form von İçli Köfte.
10. Bereite das **Frittierfett** vor, indem du es in einen ausreichend großen Topf füllst und erhitzt. Es ist auf Temperatur, wenn du einen Holzstiel in das Fett legst und Bläschen an die Oberfläche steigen.
11. Frittiere die İçli Köfte für circa 2,5 Minuten und lasse sie auf Küchenpapier abtropfen.
12. Schneide für den Joghurt die **Knoblauchzehe** fein und verrühre sie mit **Joghurt, Salz** und **Pfeffer.**

Nährwerte pro Portion:

179 kcal / 749 kJ | 16 g Kohlenhydrate | 8 g Eiweiß | 9 g Fett

Nice to know

Du kannst die Pinienkerne auch durch gehackte Walnüsse, oder gestiftete Mandeln ersetzen. Für die Garmethode im Wasser kochst du ganz einfach Wasser auf und garst sie circa 8-12 Minuten darin. Je dicker sie sind, desto länger benötigen sie zum Garen.Friere unfrittierte und ungekochte İçli Köfte ganz einfach für bis zu 6 Monate ein, indem du sie einzeln in etwas Backpapier wickelst.

Tajine

[tadchiin] arabisch

4 Portionen | 120 Minuten | 3,20 € | Mittel

Zutaten:

4 Zwiebeln
5 EL Olivenöl
1.000 g Lammfleisch aus der Schulter
2 Knoblauchzehen
Daumengroßes Stück Ingwer
1 ½ TL Salz
⅓ TL Pfeffer
1 TL Ras el Hanout
5 Safranfäden
2 Zimtstangen (oder ½ TL gemahlenen Zimt)
½ TL Kurkuma
400 ml Wasser

Außerdem:
130 g Trockenpflaumen
1 ½ EL Zucker

Nährwerte pro Portion:

814 kcal / 3408 kJ
26 g Kohlenhydrate
73 g Eiweiß
43 g Fett

Eine Tajine ist ein traditioneller nordafrikanischer Lehmtopf, welcher aus einem runden Boden und einen spitzen Deckel besteht. Das Wort Tajine ist aber auch ein Synonym für „Schmorgericht". Für mich ist dies die leckerste Art butterweiches Fleisch zuzubereiten. Die süß-würzige Soße ist ein Traum! Du kannst dieses Gericht sogar mit Rindfleisch zubereiten – ganz wie du es am Liebsten magst.

Zubereitung:

1. Schäle zunächst die **Zwiebeln**, halbiere und hacke sie.
2. Fülle das Olivenöl in einen Topf und brate hierin das **Lammfleisch** bei mittlerer Wärmezufuhr, Stufe 7 von 9, für 1 Minute pro Seite an.
3. Schäle den **Knoblauch** und hacke diesen ebenfalls. Reibe den **Ingwer** fein.
4. Reduziere nun die Hitze etwas und dünste Zwiebeln, Ingwer und Knoblauch im Topf für 2 Minuten an. Würze alles mit **Salz, Pfeffer, Ras el Hanout, Safranfäden, Zimt** und **Kurkuma** und lasse es für eine weitere Minute garen.
5. Lösche das Fleisch mit dem **Wasser** ab und lasse es aufkochen. Dieses sollte maximal bis zu ¾ bedeckt sein.
6. Fülle das Fleisch in die Tajine und schmore es bei 180 °C Ober-/ Unterhitze für 90 Minuten im Backofen.
7. Nimm nach Ende der Garzeit das Lammfleisch aus der Tajine und gib es in eine Schüssel. Verschließe diese mit einem Teller oder einem passenden Deckel, damit das Fleisch nicht austrocknet.
8. Gib nun die **Trockenpflaumen** sowie den **Zucker** in den Fleischsud und lasse die Mischung für 8 - 10 Minuten ohne Deckel einkochen. So entsteht eine sämige Soße.

Nice to know

Du kannst das Fleisch auch direkt in eine für den Herd geeignete Tajine geben, dann entfällt das Umfüllen in Schritt 6. Verwendest Du eine Tajine, die für den Herd geeignet ist, schmorst Du das Fleisch für 90 Minuten bei mittlerer Wärmezufuhr auf diesem. Das Fleisch musst du vorab nicht klein schneiden, bereite es am Stück zu. Falls du keine Tajine hast, kannst du das Gericht beispielsweise auch in meinem Guss-Topf zubereiten.

Ofen-Hähnchen

[fɨrɨnda säbβelli tawuk] türkisch

5 Portionen | 80 Minuten | 1,10 € | Einfach

Zutaten:

2 Knoblauchzehen
50 ml Wasser
60 g Olivenöl
100 g Naturjoghurt 3,5 %
1 EL Paprikamark, mild
1 ½ TL Salz
1 TL Zucker
1 TL Currypulver mild
½ TL Pfeffer
1 TL Thymian
½ TL Paprikaflocken, süß
Messerspitze Chiliflocken
1.200 g Hähnchenkeule
3 Kartoffeln
1 rote Paprika
2 grüne Spitzpaprika

Nährwerte pro Portion:

616 kcal / 2579 kJ
16 g Kohlenhydrate
47 g Eiweiß
40 g Fett

Wenn es einmal schnell gehen muss, bereite ich gern Hähnchenkeulen mit einer leckeren Marinade und Gemüse im Backofen zu. Die Vorbereitung ist blitzschnell erledigt und den Rest vollbringt der Backofen. Ein Rezept, das du vielseitig abwandelt kannst. Die Gemüsesorten kannst du nach deinem Geschmack nach belieben austauschen.
Das einfachste Ofengericht der Welt.

Zubereitung:

1. Schäle zunächst den **Knoblauch** und hacke ihn fein.
2. Mische anschließend **Wasser, Olivenöl, Joghurt, Paprikamark** und **Knoblauch** in einer Schüssel und rühre die **Gewürze** ein.
3. Wasche die **Hähnchenkeulen** gründlich unter fließendem Wasser und trockne sie mit einem Tuch ab. Lege sie in die Marinade und mische alles gut durch. Lasse alles für mindestens 20 Minuten durchziehen.
4. Nimm nun eine ausreichend große Auflaufform zur Hand und lege die Hähnchenkeulen in die Form hinein.
5. Schäle die **Kartoffeln** und schneide sie in Würfel. Wasche und entkerne die **Paprika**, schneide sie in Streifen. Verfahre mit der **Spitzpaprika** ebenso.
6. Lege das Gemüse ebenfalls in der Marinade ein und lasse es durchziehen.
7. Gib Kartoffeln, Paprika und Spitzpaprika zu den Hähnchenkeulen in die Auflaufform und lasse alles im vorgeheizten Backofen bei 200 °C für 45 – 50 Minuten backen.

Nice to know

Die Hähnchenkeulen können auch am Vortag mariniert werden. Gelagert werden sie währenddessen im Kühlschrank. Du kannst auch weiteres Gemüse, wie zum Beispiel Möhren und Brokkoli hinzufügen.

HAUPTGERICHTE VEGETARISCH

S. 62 - 69

Es muss nicht immer Fleisch sein. Die orientalische Küche hat ein riesiges vegetarisches Repertoire an Rezepten zu bieten. Köstlichkeiten, wie beispielsweise gefüllte Weintraubenblätter oder Falafel, sind allzeit beliebt. Wenn du diese schon in deinem Lieblingslokal probiert hast und schon immer wissen wolltest, wie man sie selbst zubereitet, dann blättere nun weiter. Du wirst sehen, es ist ganz einfach.

Fellah Köftesi

[fellach köftesi] türkisch

4 Portionen | 90 Minuten | 1,20 € | Einfach

Zutaten:

320 g Bulgur
(Sorte: fein; köftelik)
215 ml kochendes Wasser
150 g Weichweizengrieß
40 g Mehl
1 Ei (M)
1 EL Tomatenmark
1 EL Paprikamark, mild
1 TL gemahlenen Kreuzkümmel
1 TL Salz
1 Zwiebel

Für die Soße:
3 EL Olivenöl
1 Knoblauchzehe
1 EL Paprikamark, mild
400 g Tomaten (Konserve)
6 Basilikumblätter
100 ml Wasser
⅓ TL Salz
Messerspitze Pfeffer

Außerdem:
400 g Joghurt 10 %
1 Knoblauchzehe
Messerspitze Salz

Zum Garnieren:
30 g (Handvoll) Petersilie, gehackt

Wer diese fleischlose, türkische Köfte-Spezialität noch nicht kennt, sollte sie schnellstens ausprobieren. Man schwenkt die würzigen Weizenbällchen in köstlicher Tomatensoße und serviert sie traditionell mit Joghurt. Auch Fleischliebhaber konnte ich mit diesem Gericht schon überzeugen, dass es auch mal vegetarisch sein kann. PS: Mit veganer Joghurt-Alternative ist das Gericht auch für alle Veganer ein köstlicher Hauptgang.

Zubereitung:

1. Gib als erstes den **Bulgur** in eine große Schüssel, füge das kochende **Wasser** hinzu und verrühre beides miteinander. Mit einem Deckel oder einem Teller abdecken und für 15 Minuten ziehen lassen.
2. Füge nach 10 Minuten **Weichweizengrieß** hinzu und lasse es mitquellen.
3. Gib dann **Mehl, Ei, Tomaten-** und **Paprikamark**, **Kreuzkümmel** und **Salz** hinzu und reibe die geschälte **Zwiebel** hinein.
4. Knete alles für 10 – 15 Minuten, entweder mit den Händen oder mit dem Rührhaken der Küchenmaschine.
5. Nimm nun eine walnussgroße Menge an Teig in die Hand, rolle ihn zu einer Kugel, drücke sie etwas flach und forme mit dem Finger eine kleine Mulde in der Mitte. Dies wiederholst du mit dem gesamten Teig. Zu deiner Orientierung: die Kugeln wiegen 15-20 g.
6. Gib für die Soße etwas **Olivenöl** in eine Pfanne. Schäle und presse den **Knoblauch** und dünste ihn in der Pfanne etwas an.
7. Röste anschließend das **Paprikamark** ebenfalls in der Pfanne an.
8. Lösche den Pfanneninhalt mit den Tomaten ab. Hacke die **Basilikumblätter** fein und gib sie zur Soße.
9. Gieße anschließend das Wasser hinzu und würze alles mit **Salz** und **Pfeffer**. Stelle die Soße anschließend beiseite.
10. Koche nun in einem großen Topf Salzwasser auf und gare die Fellah Köfte für ca. 10 - 20 Minuten darin. Dass sie gar sind merkst du daran, dass sie an die Oberfläche kommen.
11. Gieße die Fellah Köfte ab und gib sie in die Soße. Vermische alles, sodass die Soße teilweise in die Fellah Köfte einziehen kann.
12. Gib den **Joghurt** in eine Schale. Schäle den **Knoblauch** und presse ihn hinein. Schmecke den Joghurt mit Salz ab.
13. Serviere das Gericht mit Petersilie.

Nährwerte pro Portion:

692 kcal / 2897 kJ | 92 g Kohlenhydrate | 21 g Eiweiß | 26 g Fett

Nice to know

Stellst du fest, dass der Teig etwas trocken ist, gib nach und nach etwas warmes Wasser hinzu. Anstatt Tomaten aus der Dose, kannst du auch 5 frische Tomaten verwenden. Reibe sie einfach mit einer feinen Reibe. Die Garzeit bemisst sich an der Größe der Fellah Köftesi. Sie dürfen nicht zu weich sein. Du kannst zum Überprüfen einen Köfte aufschneiden, um nachzusehen. Die Weizenköfte können auch Stunden vorher zubereitet werden. Verschließe sie luftdicht und lagere sie bis zum Kochvorgang im Kühlschrank.

Sarma

[sarma] türkisch

5 Portionen | 2,5 Stunden | 1,90 € | Mittel

Zutaten:

Für die Füllung:
2 Zwiebeln
30 g (Handvoll) Petersilie
460 g Rundkornreis
1 EL Paprikamark, mild
1 EL Tomatenmark
1 TL Salz
½ TL Pfeffer
1 TL getrocknete Minze
1 TL Paprikaflocken, süß
1 EL Granatapfelsirup
600 g eingelegte Weinblätter
2 Kartoffeln (festkochend)
1 Zitrone
300 - 400 ml heißes Wasser
80 g Olivenöl

Zum Servieren:
500 g Naturjoghurt 10%
1 Zitrone

Nährwerte pro Stück:

75 kcal / 314 kJ
12 g Kohlenhydrate
2 g Eiweiß
2 g Fett

Gefüllte Weintraubenblätter sind in der orientalischen Küche nicht wegzudenken. Es gibt diverse Zubereitungsarten, wie zum Beispiel mit und ohne Hackfleisch. Mein Rezept kommt ganz ohne Fleisch aus und auch Fleischliebhaber haben hier nichts zu bemängeln. Unser Familienrezept hat sich Jahrzente bewährt und ich gebe es gern an euch weiter – guten Appetit.

Zubereitung:

1. Schäle die **Zwiebeln**, schneide sie sehr fein. Hacke die **Petersilie** ebenfalls fein. Gib alles gemeinsam mit Rundkornreis, Paprika- und Tomatenmark, Salz, Pfeffer, Minze, Paprikaflocken und **Granatapfelsirup** in eine ausreichend große Schüssel und verknete alles gut mit den Händen.
2. Spüle die **Weinblätter** aus dem Glas gründlich unter fließendem Wasser ab, damit diese nicht zu salzig sind. Entferne auch den Stiel.
3. Lege nun 1 TL von der Füllung auf die grobe Seite eines Weinblattes, rolle es zunächst bis zur Mitte ein, klappe dann die Seiten um und rolle den Rest auf. Verfahre mit den restlichen Weinblättern ebenso.
4. Stelle einen Topf auf den Herd. Lege den Boden mit Weinblättern aus, die du nicht genutzt hast, weil sie zerrissen oder nicht besonders schön sind. Darauf verteilst du die **Kartoffeln**, die du zuvor in Scheiben geschnitten hast.
5. Schichte nun die Röllchen in den Topf. Achte darauf, dass sie eng beisammen liegen, damit sie nicht aufgehen.
6. Schneide die Zitrone in Scheiben und lege die Scheiben auf die oberste Schicht der Röllchen. Beschwere alles mit einem Teller, der gut in den Topf passt. Drücke ihn fest an und gieße dann heißes **Wasser** hinzu, bis die Röllchen gerade so bedeckt sind.
7. Gieße jetzt noch etwas **Olivenöl** in den Topf, das gibt einen schönen Geschmack.
8. Setze den Deckel auf den Topf, damit es luftdicht verschlossen ist und lasse alles kurz aufkochen. Verringere dann die Wärmezufuhr auf mittlere Stufe und lasse es für ca. 1 Stunde garen.
9. Wenn die Sarma fertig sind, nimm sie aus dem Topf und serviere sie zusammen mit **Joghurt** und **Zitrone**.

Nice to know

Hast du das Glück, frische Weinblätter bekommen zu haben, muss du diese vorher einige Sekunden kochen und anschließend unter kaltem Wasser abschrecken. Die Weinblätter auf dem Topfboden verhindern, dass die Röllchen anbraten. Die Kartoffelscheiben unter den Weinblättern, fangen überschüssiges Salz auf.
Gib nicht zu viel Wasser in den Topf zu den Röllchen, damit diese nicht darin schwimmen und aufgehen.
Du kannst Sarma gekocht, oder ungekocht einfrieren. Bereits gekochte Sarma einfach erwärmem. Ungekochte, tiefgefrorene Sarma kannst du einfach auftauen und nach Rezeptanleitung gar kochen.
Sarma ist auch eine beliebte Beilage. Als Beilage reicht dieses Rezept für 6 Personen.

Falafel

[falāfil] arabisch

48 Stück | 60 Minuten | 0,10 € | Mittel

Zutaten:

500 g getrocknete Kichererbsen
1 TL Backpulver
30 g (eine Handvoll) Petersilie
30 g (eine Handvoll) Koriander
2 Zwiebel
4 Knoblauchzehen
1 TL Dill
2 TL Salz
0,5 TL Pfeffer
0,5 TL Paprikapulver, edelsüß
1 EL Kreuzkümmel
0,5 TL Backpulver
500 ml Frittieröl

Für die Tahinasoße:
100 g Tahina
100 ml Wasser
⅓ TL Salz
Messerspitze Pfeffer
Saft einer halben Zitrone

Außerdem passt dazu:
Joghurt 3,5%
eingelegte Steckrüben

Falafel ist eine vegane Köstlichkeit, dessen Hauptbestandteil eingeweichte und pürierte Kichererbsen sind. Mit meinem authentischen und einfachen Rezept gelingen dir selbstgemachte Falafel ganz locker von der Hand. Verwende für dieses Rezept keinesfalls Kichererbsen aus der Dose. Die Falafel würden beim Frittieren zerfallen. Plane dir genug Zeit für die Vorbereitung ein und genieße anschließend die Köstlichkeit aus 1001 Nacht.

Zubereitung:

1. Bereite rechtzeitig deine **Kichererbsen** vor, indem du sie gemeinsam mit dem **Backpulver** in eine große Schüssel voll Wasser legst und mindestens 8 Stunde, gerne auch über Nacht, einweichen lässt. Backpulver im Kichererbsen-Wasser beschleunigt den Prozess.
2. Gieße das Wasser ab und fange die Kichererbsen mit einem feinem Sieb auf. Gib die Kichererbsen in eine ausreichend große Schüssel. Püriere nun die Kichererbsen zu einer groben Paste.
3. Hacke **Petersilie** und **Koriander** fein. Schäle und reibe die **Zwiebeln** mit einer Reibe. Presse oder hacke die **Knoblauchzehen** ebenfalls sehr fein.
4. Gib nun alles gemeinsam mit **Dill, Salz, Pfeffer, Paprikapulver, Kreuzkümmel** und **Backpulver** zu den Kichererbsen und menge alles gut unter.
5. Befeuchte deine Hände mit Wasser und forme je 1,5 Esslöffel Falafelteig zu Kugeln, die du anschließend leicht flach andrückst.
6. Erhitze in einem ausreichend großen Topf das **Frittieröl.** Das Öl hat die ideale Temperatur erreicht, wenn du einen Holzstiel oder einen Schaschlikspieß hinein hältst und sich kleine Bläschen bilden, die nach oben steigen.
   Backe die Falafel je 1-2 Minuten aus, bis sie außen eine braune Farbe annehmen und innen komplett heiß sind.
7. Für die Tahinasoße alle Zutaten **(Tahina, Wasser, Salz, Pfeffer und Zitronensaft)** miteinander verrühren.
8. Außerdem passen hierzu Joghurt und eingelegte Steckrüben.

Nährwerte pro Stück:

63 kcal / 288 kJ
5 g Kohlenhydrate
3 g Eiweiß
1 g Fett

Nice to know

Es ist egal, ob du getrockneten, oder frischen Dill verwendest. Petersilie und Koriander sollten jedoch frisch sein, da diese ein unverwechselbaren Geschmack und Farbe verleihen. Kreuzkümmel wirkt den aufblähend wirkenden Kichererbsen entgegen und ist daher unerlässlich. Du kannst den Falafelteig bereits einen Tag im Voraus zubereiten. Allerdings solltest du dann das Backpulver erst kurz vor dem Frittiervorgang einrühren, da sonst die Triebwirkung nachlässt. Friere Falafelteig ohne Backpulver ein. Wenn du die Falafel zubereitest, kannst du den Teig auftauen lassen, Backpulver einrühren und die leckeren Falafel wie gewohnt frittieren.

Çiğ Köfte

[tschi köftæ] türkisch

4 Portionen | 60 Minuten | 1,30 € | Einfach

Zutaten:

330 g Bulgur (Sorte: braun, fein; esmer ince köftelik)
250 ml kochendes Wasser
1 große Zwiebel
2 Knoblauchzehen
2 ½ TL Paprikapulver, edelsüß
1 TL Paprikaflocken, süß
1 TL Isot
1 ½ TL Sumak
1 TL Kreuzkümmel, gemahlen
⅓ TL Pfeffer
1 gestrichenen TL Salz
50 g Tomatenmark
50 g Paprikamark, mild
25 g Rapsöl
25 g Olivenöl
1 ½ EL Granatapfelsirup
1 Tomate
4 - 5 EL eiskaltes Wasser
60 g (2 Handvoll) Petersilie

Außerdem:
Salatblätter nach Wahl
2 Zitronen

Für die Soße:
5 EL Ketchup
5 EL Granatapfelsirup

Optional:
Tortillawraps
Frische Minze

Çiğ Köfte (türkisch für: rohe Frikadellen) sind vegane Weizenfrikadellen, die ursprünglich tatsächlich aus einem Anteil an rohem Fleisch zubereitet wurde. Heutzutage wurde das Rezept veganisiert und schmeckt auch ohne Fleisch fantastisch. Große Gefahr lauert, wenn man einmal angefangen hat zu kosten: die handlichen Köfte sind unglaublich lecker gewürzt und machen süchtig! Serviere sie als sättigende Hauptmahlzeit, oder als spannende Beilage.

Zubereitung:

1. Gib den **Bulgur** zunächst in eine große Rührschüssel, füge dann das heiße **Wasser** hinzu und rühre alles gut um. Lege einen Deckel auf die Schüssel und stelle diese für 10 – 15 Minuten Beiseite.
2. Schäle die **Zwiebeln**, wasche sie unter fließendem lauwarmem Wasser ab und reibe sie dann, damit die Flüssigkeit austreten kann. Die geriebenen Zwiebeln drückst du mit deinen Händen aus und gibst sie in eine Schüssel.
3. Reibe die geschälten **Knoblauchzehen** zu den Zwiebeln in die Schüssel.
4. Gib die Zwiebel-Mischung zum Bulgur und füge alle Zutaten, bis auf die Tomate hinzu.
5. Verknete dann alles für 9 – 10 Minuten auf niedriger Stufe mit Hilfe einer Küchenmaschine.
6. Lege die **Tomate** kurz in kaltes Wasser und reibe diese dann ebenfalls. Hierbei darauf achten, dass die Schale nicht mitgerieben wird.
7. Gib die geriebene Tomate zur Bulgur-Mischung. Prüfe, ob die Mischung feucht genug ist, um sie mit den Händen zu formen. Falls nicht, füge noch etwas kaltes Wasser hinzu.
8. Wasche die **Petersilie** und hacke sie sehr fein. Vermenge sie dann mit Hilfe deiner Hände mit der Bulgur-Mischung.
9. Nimm nun etwas von der Köfte-Mischung in deine Hand und drücke die Masse mit deinen Fingern etwas zusammen. So entsteht das typische Muster.
10. Lege ein paar **Salatblätter** auf einen Servierteller und arrangiere die Çiğ Köfte hierauf. Viertel die **Zitrone** und lege sie ebenfalls auf den Teller.
11. Mische für die Sauce **Ketchup** und **Granatapfelsirup** und serviere sie zu den Çiğ Köfte. Gemeinsam mit Tortillawraps und frischer Minze kannst du die veganen Köfte auch einrollen.

Nährwerte pro Portion:

554 kcal / 2319 kJ | 89 g Kohlenhydrate | 12 g Eiweiß | 16 g Fett

Nice to know

Durch das Abwaschen der Zwiebel mit lauwarmem Wasser, wird dieser die Schärfe und der bittere Beigeschmack genommen. Den Bulgur samt Zutaten kann man mit der Küchenmaschine (15 Minuten mit dem Rührhaken) oder den Händen kneten. Typisch für das Zubereiten per Hand in ein großes, geriffeltes Backblech. Die Bulgur-Mischung hält sich im Kühlschrank ca. 5 Tage. Falls er durch lange Lagerung zu fest werden sollte, gib vor der Verarbeitung noch einige Esslöffel kaltes Wasser hinzu.

SALATE

S. 72 - 75

Orientalische Salate sind raffiniert, gehören zu jeder Mahlzeit dazu und eignen sich sogar als Hauptmahlzeit.

Nach den folgenden Seiten wirst du Salat für dein Leben gern essen. Das liegt an der raffinierten Würzung, dem unverwechselbar orientalischen Dressing und die Zutaten, die für Salate sonst eher weniger bekannt sind.

Salate auf ein neues Level heben? Können wir.

Fattousch

[fattusch] arabisch

4 Portionen | 15 Minuten | 0,95 € | Einfach

Zutaten:

Für die Brotchips:
2 Fladenbrote, libanesische Art
5 EL Olivenöl

Für den Salat:
250 g Eisbergsalat, kleingeschnitten
30 g (Handvoll) Petersilie, gehackt
½ Gurke, gewürfelt
2 Tomaten, gehackt
6 Radieschen, gehobelt
1 rote Paprika, gewürfelt
1 Möhre, gehobelt
3 Frühlingszwiebeln, in Ringe geschnitten
10 Blätter frische Minze (alternativ 1 TL getrocknete Minze), gehackt

Für das Dressing:
8 EL Olivenöl
1 mittelgroße Zitrone
1 TL Salz
1 EL Sumak

Nährwerte pro Portion:

348 kcal / 1457 kJ
25 g Kohlenhydrate
4 g Eiweiß
25 g Fett

Der libanesische Fattousch-Salat ist die perfekte Beilage. Der säuerliche, frische Geschmack ist ein Highlight. Falls du also mal fernab von Standard-Salaten etwas ganz Besonderes auftischen möchtest, dann solltest du diesen libanesischen Brot-Salat definitiv in dein Menü einplanen. Man sagt, dass das Gemüse so fein geschnitten werden soll, dass alle unterschiedlichen Zutaten auf einen Löffel passen – das klingt nach einer Challenge. Viel Freude beim Zubereiten!

Zubereitung:

1. Halbiere das **Fladenbrot** in der Mitte und schneide es in kleine Vierecke. Verteile diese auf ein mit Backpapier ausgelegtes Backblech.
2. Gieße nun das **Olivenöl** über die Brotstücke und vermenge alles mit den Händen. Achte darauf, dass die Brotchips nicht übereinanderliegen, damit sie gleichmäßig bräunen können.
3. Gib das Backblech im Anschluss für 8 – 10 Minuten in den auf 170 °C vorgeheizten Backofen und lasse die Brotchips goldgelb backen.
4. Bereite in der Zwischenzeit das Gemüse vor, indem du es fein klein schneidest. Fülle dann den **Eisbergsalat** zusammen mit **Petersilie**, **Gurke**, **Tomaten**, **Radieschen**, **Paprika**, **Möhren** und **Frühlingszwiebeln** in eine große Schüssel und vermenge alles.
5. Gieße das **Olivenöl** über den Salat.
6. Halbiere die **Zitrone** und presse den Saft aus. Gib diesen ebenfalls zum Salat und streue die **Minze** hinein.
7. Würze den Salat mit **Salz** und **Sumak** und vermenge nochmals alles miteinander.
8. Hole nun die Croutons aus dem Backofen. Diese sollten nun richtig schön goldbraun sein.
9. Lasse die Brotchips etwas abkühlen und verteile sie anschließend über dem Salat.

Nice to know

Sumak ist bei diesem Salat unersetzbar. Du kannst 3-4 EL Granatapfelsirup zum Salat geben, wenn du magst. Der gibt dem Salat eine zusätzliche säuerliche Note. Das Fladenbrot kann man, anstatt es im Ofen zu backen, auch für 30 - 45 Sekunden in Öl frittieren. Bereite den Salat erst kurz vor dem Verzehr vor, da er sonst zu viel Flüssigkeit verliert und die Brotchips matschig werden. Die Brotchips kannst du lauwarm oder abgekühlt auf den Salat geben.

Kısır

[kɨsɨʁ] türkisch

8 Portionen | 35 Minuten | 0,55 € | Einfach

Zutaten:

450 g Bulgur
(Sorte: fein; kısırlık)
1 ½ TL Salz
260 ml kochendes Wasser
½ Gurke
2 Tomaten
½ Kopf Eisbergsalat
30 g (Handvoll) Petersilie
6 Frühlingszwiebeln
1 ½ EL Tomatenmark
1 ½ EL Paprikamark, mild

Für das Dressing:
1 große Zitrone
8 EL Olivenöl
3 EL Granatapfelsirup

Nährwerte pro Portion:

342 kcal / 1431 kJ
46 g Kohlenhydrate
8 g Eiweiß
13 g Fett

Kısır ist feiner, türkischer Bulgursalat mit viel frischem Gemüse und einem süß-säuerlichen Dressing, der den Salat perfekt abrundet. Er ist beliebt als Beilage, beim Grillfest, aber auch als gesunde Hauptmahlzeit. Dieses Familienrezept wirst du lieben!

Zubereitung:

1. Fülle zunächst den **Bulgur** in eine große Rührschüssel und vermische ihn mit **Salz**. Gib anschließend das kochende Wasser hinzu und vermenge alles ordentlich. Decke die Schüssel mit einem Deckel oder Teller ab und lasse den Bulgur 10 Minuten quellen.
2. Bereite in der Zwischenzeit das Gemüse vor. Schneide zunächst die **Gurke** in kleine Würfel. Hacke die **Tomaten**, den **Eisbergsalat** und die **Petersilie** und schneide die Frühlingszwiebeln in Ringe. Gib alle Gemüsesorten zusammen in eine große Schüssel und stelle diese beiseite.
3. Für das Dressing halbierst du nun die **Zitrone** und presst diese aus. Dann gibst du **Olivenöl** und **Granatapfelsirup** hinzu und verrührst alles miteinander.
4. Lockere im Anschluss den Bulgur etwas mit Hilfe eines Löffels. Gib **Tomaten-** und **Paprikamark** hinzu und vermenge alles vorsichtig, indem du Bulgur, Tomaten- und Paprikamark zwischen deinen Händen reibst. Der Bulgur erhält dadurch die typische rote Farbe.
5. Gib nun das vorbereitete Gemüse zum Bulgur und vermische alles miteinander.
6. Zum Schluss wird der Kısır mit dem Dressing angemacht.

Nice to know

Wichtig ist es, feinen Bulgur zu verwenden. Er trägt die türkische Bezeichnung “Köftelik Bulgur”.
Magst du eine Gemüsesorte nicht, kannst du diese einfach durch eine andere ersetzen. Der Salat hält sich im Kühlschrank bis zu 5 Tage und eignet sich auch als sättigende Hauptmahlzeit. In diesem Fall reicht dieses Rezept für 4 Personen.

DESSERTS

S. 78 - 101

Die Creme de la Creme zusammengefasst als letztes Kapitel dieses Buches. Orientalisches Gebäck ist so viel mehr als nur Zuckersirup. Hier ist für jeden Geschmack das passende Dessert dabei.

Hab keine Scheu vor neuen Zutaten – ich zeige dir, wie dir Leckereien aus 1001 Nacht perfekt gelingen. Genieße sie mit deinen Liebsten, oder verschenke den ein oder anderen selbstgebackenen Leckerbissen.

Trileçe

[triletsche] albanisch

8 Portionen | 60 Minuten | 0,45 € | Einfach

Zutaten:

Für den Teig:
4 Eiweiß (M)
Prise Salz
50 g Zucker
4 Eigelb (M)
115 g Mehl
5 g Backpulver

Für die Milchtränke:
500 ml Milch
100 ml Schlagsahne
200 g gezuckerte Kondensmilch

Für den Karamellguss (Dulce de Leche):
120 g Zucker
2 EL Wasser (=20 ml)
25 g Butter
150 g Schlagsahne
Prise Salz

Für die Deko:
80 g weiße Kuvertüre
1 TL Kokosfett

Nährwerte pro Portion:

485 kcal / 2030 kJ
56 g Kohlenhydrate
11 g Eiweiß
23 g Fett

Zu meinem leckeren Milchkuchen mit Karamellsoße kann niemand ‚Nein' sagen – wie auch? Fluffiger Biskuitteig, durchtränkt mit Milchguss und vollendet mit einer Karamellschicht. Seinen Ursprung hat Trileçe zwar in Südamerika (dort wird er Tres Leches genannt), allerdings ist er inzwischen auch insbesondere in Balkanländern, sowie auch in der Türkei sehr beliebt. Ich zeige dir meine typisch albanische Kreation.

Zubereitung:

1. Heize den Backofen auf 180 °C Ober-/Unterhitze vor und lege den Boden einer Auflaufform (17 * 25 cm) mit Backpapier aus.
2. Gib das **Eiweiß** zusammen mit dem Salz in ein hohes Rührgefäß und schlage es mit Hilfe eines Handrührgerätes oder einer Küchenmaschine. Nach 30 Sekunden den **Zucker** einrieseln lassen und eine weitere Minute steif schlagen. Rühre nach und nach die **Eigelb** kurz hinzu.
3. Vermenge währenddessen **Mehl** und **Backpulver** in einer Schüssel und hebe es nach und nach mit Hilfe eines Teigschabers unter die Eimasse. Bewege den Teigschaber dabei in kreisenden Bewegungen von außen nach innen.
4. Fülle den fertigen Teig in die Auflaufform, streiche ihn glatt und backe ihn für 25 Minuten im unteren Drittel des Backofens.
5. Für die Milchtränke **alle Zutaten** zusammen in eine Rührschüssel geben und vermischen.
6. Nimm den Kuchen aus dem Ofen und lasse in 5 Minuten abkühlen. Löse nun den Kuchen vorsichtig mit Hilfe eines Messers vom Rand der Form und verwende eine Platte zum Stürzen.
7. Lege den Kuchen umgedreht zurück in die Auflaufform und steche mit einer Gabel mehrfach ein. So kann der Kuchen mehr Flüssigkeit aufnehmen.
8. Gieße die Milchtränke über den Kuchen und lasse alles 20 Minuten einziehen.
9. Gib für den Karamellguss **Zucker** und **Wasser** in einen Topf und lasse beides auf hoher Stufe (Stufe 7 von 9) karamellisieren. Dies dauert ca. 15 Minuten.
10. Reduziere die Wärmezufuhr auf mittlere Stufe, Stufe 5 von 9, damit der Karamell nicht anbrennt. Rühre dabei gelegentlich um.
11. Füge nun die zimmerwarme **Butter** und **Salz** hinzu und rühre die lauwarme **Sahne** ein. Sobald sich alles verbunden hat, wird der Guss zur Seite gestellt und abgekühlt, bis er lauwarm ist.
12. Streiche den Karamellguss noch lauwarm auf den Kuchen.
13. Hacke die **Kuvertüre** und lasse sie gemeinsam mit dem **Kokosfett** in der Mikrowelle bei geringer Wattzahl schmelzen. Fülle sie in einen Spritzbeutel, dessen Spitze du vorne abschneidest.
14. Ziehe waagerechte Linien auf dem Karamell. Nimm anschließend einen Zahnstocher und ziehe diesen senkrecht durch die Kuvertüre. So entsteht ein schönes Muster.

Nice to know

Du kannst die einzelnen Phasen des Karamellisierens beobachten: erst schäumt die Masse, dann wird sie sehr trocken und ist anschließend karamellisiert sie. Der fertige Kuchen hält sich gekühlt bis zu 4 Tage.

Mamoul Mad Bil Ashta

[mɐmul mæd bil aschta] arabisch

20 Portionen | 60 Minuten | 0,35 € | Mittel

Zutaten:

Für den Zuckersirup:
450 ml Wasser
300 g Zucker
Saft einer halben Zitrone

Für den Grießteig:
400 g Weichweizengrieß
400 g Hartweizengrieß
400 g zimmerwarme Butter
180 g Zucker
10 g Trockenhefe
1 EL Orangenblütenwasser
1 TL Rosenwasser
optional: 2 TL Vanilleextrakt

Für den Milchpudding (Ashta):
800 ml Milch
400 g Sahne
70 g Zucker
110 g Speisestärke
1 EL Orangenblütenwasser
1 TL Rosenwasser

Nährwerte pro Portion:

502 kcal / 2101 kJ
64 g Kohlenhydrate
8 g Eiweiß
25 g Fett

Die Königin der libanesischen Desserts: Mamoul mad bil Ashta ist ein köstlicher Grießkuchen mit einer frischen Puddingfüllung (Ashta), getränkt mit Zuckersirup. Der Kuchen bleibt tagelang frisch und ist gut vorzubereiten. Perfekt, wenn du Gäste erwartest und das Dessert bereits im Kühlschrank bereit steht.

Zubereitung:

1. Verrühre **Wasser** und **Zucker** in einem Topf und koche beides auf. Gib den **Zitronensaft** hinzu und lasse den Sirup für 5 Minuten einkochen.
2. Stelle den Sirup beiseite und lasse in auskühlen.
3. Gib zunächst alle trockenen Zutaten für den Grießteig in eine Schüssel, vermenge alles, füge dann die **Butter** hinzu und verknete alles zu einem geschmeidigen Teig. Lasse während des Knetvorgangs **Rosen- und Orangenblütenwasser** einfließen.
4. Gieße für den Milchpudding **Milch** und **Sahne** in einen Topf. Gib **Zucker** und **Speisestärke** hinein und verrühre alles mit einem Schneebesen.
5. Füge zum Schluss **Rosen- und Orangenblütenwasser**, sowie optional **Vanilleextrakt** hinzu und verrühre nochmal alles miteinander.
6. Koche den Pudding nun einmal kurz auf und nimm ihn anschließend vom Herd.
7. Kleide eine Auflaufform (circa 30x30cm) mit Frischhaltefolie aus. Gib die Hälfte des Grießteiges hinein, drücke diesen auf dem Boden fest und hebe ihn mit Hilfe der Folie aus der Form.
8. Gib jetzt die zweite Hälfte des Teiges in die Auflaufform, diesmal ohne Frischhaltefolie und drücke auch diesen auf dem Boden fest.
9. Gieße den Milchpudding in die Auflaufform und verteile ihn schön.
10. Lege den zuvor herausgenommenen Teil des Teiges auf den Pudding, indem du ihn von der Folie stürzt. Sollte etwas daneben gegangen sein, ist das nicht schlimm, flicke die Decke einfach mit dem herausgefallenen Teig.
11. Nun kommt die Auflaufform für ca. 25 Minuten bei 200 °C Ober-/Unterhitze in den Backofen.
12. Nimm die Auflaufform anschließend aus dem Ofen und schneide die Oberfläche mit einem Messer in Kuchenstücke.
13. Gieße den Zuckersirup über den Kuchen und lass ihn für mindestens 6 Stunden, oder über Nacht, einziehen.

Nice to know

Es ist ganz normal, dass der Zuckersirup zunächst auf der Oberfläche schwimmt. Gib dem Kuchen Zeit, damit er den den Sirup einziehen kann. Erst nach der Kühlzeit kann wird der Kuchen schnittfest, daher solltest du die Kühlzeit unbedingt beachten. Er wird durch den Sirup konserviert und hält gekühlt bis zu 7 Tage. Vanilleextrakt ist in diesem Rezept eine optionale Zutat, da das Original ohne Vanille zubereitet wird. Probiere es gerne aus, es harmoniert toll mit dem Orangenblütenwasser.

Baklava

[baklāwa] türkisch

32 Portionen 40 Minuten 0,35 € Einfach

Zutaten:

200 g Pistazien
2 EL Rosenwasser
1 Packung Filo-/ Baklavateig (400 g)
230 g Butter, geschmolzen

Für den Zuckersirup
200 g Zucker
300 g Wasser
Spritzer Zitronensaft

Außerdem / Optional:
2 - 3 EL Butter Ghee, (Butterschmalz)

Nährwerte pro Portion:

149 kcal / 623 kJ
13 g Kohlenhydrate
3 g Eiweiß
9 g Fett

Baklava ist eines der beliebtesten Gebäcke im Nahen Osten, sowie im Balkan. Er besteht aus vielen Schichten hauchdünnem Filoteig, gefüllt Mandeln, Walnüssen, oder wie in meinem Rezept mit aromatischen Pistazien. Ich zeige dir hier eine anfängerfreundliche Variante, mit der du deine Liebsten begeistern kannst.

Zubereitung:

1. Mahle zunächst die **Pistazien** in einem Mixer fein und füge Rosenwasser hinzu.
2. Hole nun den **Filoteig** aus seiner Verpackung, lege ihn auf ein Schneidebrett und schneide ihn zurecht. Hierfür nimmst du die runde Backform mit 26 cm Durchmesser, die du später auch zum Schichten verwendest, legst diese auf den Filoteig und schneidest am unteren Rand entlang.
3. Schneide aus dem restlichen Teig nochmals die Backform zurecht. Auch der restliche Teig wird später zum Schichten verwendet. Also nicht wegschmeißen.
4. Streiche die Backform mit reichlich geschmolzener **Butter** ein.
5. Lege nun den Boden der Backform mit zwei Lagen Filoteig aus, streiche sie mit Butter ein, lege dann zwei weitere Schichten Teig in die Form. Wiederhole dies, bis die Hälfte des Teiges in der Backform liegt. Hierbei kannst du in der Mitte, die nicht runden oder kaputten Teigstücke verwenden.
6. Zwei runde Lagen Filoteig kommen jetzt nochmal in die Form, alles mit Butter einstreichen und dann die Pistazienfüllung hineingeben und gut verteilen.
7. Gib jetzt wieder zwei Lagen der runden Teigschicht auf die Füllung und streiche diese mit Butter ein. Schichte dann den Rest des Teiges ebenfalls in der Backform. Nach jeder zweiten Lage, alles mit Butter einstreichen.
8. Auch die oberste Lage wird nun entweder mit der Butter oder mit dem Geheimtipp **Butter Ghee** eingestrichen.
9. Schneide die 4 – 5 obersten Schichten des Teiges leicht mit Hilfe eines Messers in Kuchenstücke, die du dann in Streifen und anschließend in Rauten teilst. Ganz geschnitten wird das Baklava erst nach dem Backen.
10. Benetze die Oberfläche jetzt noch etwas mit Leitungswasser.
11. Backe das Baklava für 40 – 45 Minuten bei 150 °C Ober-/Unterhitze im Ofen goldbraun.
12. Gib in der Zwischenzeit **Wasser** und **Zucker** in einen Topf, verrühre beides und lasse es kurz aufkochen. Lasse den Sirup für eine Minute köcheln, so wird er nicht zu dick, und füge den Zitronensaft hinzu. Verrühre alles noch einmal, nimm den Topf vom Herd und gieße den Sirup in eine Karaffe oder Schale.
13. Nimm das Baklava aus dem Backofen und gieße sofort den Zuckersirup darüber. Der Zuckersirup sollte lauwarm bis kalt sein.
14. Stelle das Baklava anschließend für 3 Stunden in den Kühlschrank. Dann schneidest du den Teig nochmal komplett in der Form, in die du es vor dem Backvorgang geschnitten hast. So erhältst du viele kleine Rauten.

Nice to know

Butter Ghee ist geklärte Butter und ein echter Geheimtipp. Es wird auch von orientalischen Bäckereien verwendet. Statt der Pistazien kannst du auch 200 g Walnüsse oder Mandeln verwenden. Vermenge sie mit einem Teelöffel Zimt – das ergibt eine köstliche Füllung. Statt einer runden, kannst du auch jegliche andere Form nutzen. Beginnst du mit dem Schichten des Filoteiges, dann decke ihn unbedingt mit einem Küchentuch ab, da er sehr schnell austrocknet.

Kulîça

[kulitscha] kurdisch

50 Portionen | 120 Minuten | 0,10 € | Einfach

Zutaten:

Für dem Hefeteig:
200 ml Milch, lauwarm
21 g Hefe, frisch
1 EL + 50 g Zucker (= 70 g)
60 g Butter
1 Eiweiß (M)
450 g Mehl
Messerspitze Salz
1 TL gemahlenen Anis
1 TL gemahlenen Kümmel
1 TL Zimt
1 TL gemahlenen Kardamom

Außerdem:
2 EL Mehl für die Arbeitsfläche

Für die Füllung:
200 g Walnüsse
30 g zerlassene Butter
3 EL Zucker
2 TL Zimt

Zum Bestreichen:
1 Eigelb (M)
1 EL Milch

Dass Hefegebäck auch klein und fein sein kann, stellen diese kurdischen Hefeteilchen unter Beweis. Sie machen eine gute Figur und erinnern mich beinahe an Kekse. Kulîça sind außen knackig und im Kern schön soft - das macht sie so besonders! Traditionell werden sie mit Dattelpaste oder Walnüssen befüllt. Ich zeige dir die Walnuss-Variante. Für Dattel-Kulîça kannst du einen Blick in die Rubrik 'Nice to know' reinwerfen.

Zubereitung:

1. Gieße die **lauwarme Milch** in eine große Schüssel und gib **Hefe** und **1 EL des Zuckers** hinzu. Verrühre alles miteinander und lasse es für 5 Minuten quellen.
2. Füge anschließend **Butter**, **Eiweiß** und den restlichen **Zucker** hinzu und verknete den Teig. Gib nach und nach das **Mehl** in die Schüssel, wobei zunächst 30 g zur Seite gestellt werden und erst hinzugefügt werden, wenn der Teig noch zu klebrig ist.
3. Würze den Teig mit **Salz, Anis, Kümmel, Zimt** und **Kardamom**.
4. Decke den Hefeteig mit einem Küchentuch ab und lasse ihn für 60 Minuten an einem warmen Ort gehen.
5. Stelle in der Zwischenzeit die Walnussfüllung her. Hierfür die **Walnüsse** fein hacken oder im Mixer zerkleinern. Gib die **zerlassene Butter, Zucker** und **Zimt** hinzu und vermische alles.
6. Streue eine Arbeitsfläche mit Mehl aus und rolle den Teig darauf rechteckig und 3 mm dünn aus, das Rechteck sollte ungefähr 40 * 30 cm groß sein.
7. Verteile die Walnussfüllung gleichmäßig auf dem Teig und zerteile diesen dann waagerecht in der Mitte. Rolle die langen Seiten nach oben hin auf. Drücke die beiden Stränge mit den Fingern etwas flach und schneide die Teiglinge leicht schräg in ca. 1,5 cm dicke Scheiben. Diese sollten nicht rund sondern etwas länglich sein.
8. Heize den Backofen auf 180 °C Ober-/Unterhitze vor und lege ein Backblech mit Backpapier aus. Lege die Hefeteilchen aufrecht mit etwas Abstand zueinander auf das Blech. Aus den beiden Teigsträngen erhält man zwei Backbleche.
9. Verquirle **Eigelb** und **Milch** miteinander und pinsele mit dieser Mischung die Oberseite der Teilchen ein.
10. Backe die Kulîça für 12 Minuten im Ofen goldbraun. Lagere die fertigen Hefeteilchen nach dem Backen unter einem sauberen Geschirrtuch.

Nährwerte pro Portion:

87 kcal / 364 kJ
10 g Kohlenhydrate
2 g Eiweiß
4 g Fett

Nice to know

Anstatt mit Walnüssen, kann man die Teilchen auch mit Datteln füllen. Hierfür 200 g Dattelpaste mit 2 TL Zimt und 1 EL zerlassener Butter verkneten.
Luftdicht verpackt halten sich die Kulîça für 3 Tage. Außerdem können sie auch eingefroren und bei Bedarf aufgetaut werden. Die Oberfläche der Kulîça kann mit Sesam bestreut werden.

Künefe

[künäfeh] türkisch

4 Portionen | 45 Minuten | 1,20 € | Einfach

Zutaten:

Für den Zuckersirup:
300 ml Wasser
180 g Zucker
1 EL Zitronensaft

Außerdem:
200 g Mozzarella
250 g Kadayıf (feine Teigfäden)
120 g Butter
2 EL weiche Butter zum Fetten der Form

Nährwerte pro Portion:

753 kcal / 3152 kJ
82 g Kohlenhydrate
14 g Eiweiß
42 g Fett

Engelshaar mit geschmolzenem Käse und Zuckersirup: das mag im ersten Moment extravagant klingen - in der orientalischen Küche lässt dieses Traditionsdessert schon seit Jahrzenten Herzen höher schlagen. Man vermutet den Ursprung aus Palästina, besser gesagt in der Stadt Nablus (arabisch: knafeh). Inzwischen ist Künefe im gesamten Nahen Osten verbreitet. Mit diesem Rezept kannst du auf typisch türkische Art Künefe zubereiten - nämlich portionsweise in runden, kleinen Tellern.

Zubereitung:

1. Gieße zunächst **Wasser** in einen Topf und verrühre dieses mit dem **Zucker**. Bringe das Wasser zum Kochen und gib den **Zitronensaft** hinzu. Den Sirup für 3 Minuten köcheln lassen. Anschließend in eine Karaffe füllen und abkühlen lassen.
2. Schneide den **Mozzarella** in 0,5 cm dicke Scheiben und lege diese für mind. 30 Minuten in kaltes Wasser. Hierdurch wird dem Käse das Salz entzogen. Spüle den Mozzarella danach gründlich ab und tupfe ihn mit Hilfe eines Küchentuches trocken.
3. Lege das Kadayıf auf ein großes Brett, schneide es fein und ziehe es mit den Händen auseinander, so verdoppelt sich das Volumen.
4. Zerlasse die **Butter** und mische sie unter das Kadayif.
5. Fette 4 Künefeteller mit einem Durchmesser von 9 cm mit ½ EL Butter ein und lege 2 EL der Kadayif-Butter-Masse auf. Drücke die Masse fest an.
6. Teile die Mozzarellascheiben auf die Teller auf und gib die restliche Kadayif-Butter-Masse hierauf. Drücke auch diese Masse fest.
7. Heize den Backofen auf 200 °C Ober-/Unterhitze vor. Schiebe das Künefe auf mittlerer Schiene in den Ofen und backe es für 18 Minuten, bis es goldbraun und der Mozzarella geschmolzen ist.
8. Übergieße die fertigen Künefe im heißen Zustand mit jeweils ¼ des Zuckersirups.

Nice to know

Die Butter kann z. B. in der Mikrowelle bei geringer Wattanzahl geschmolzen werden. Die Kadayif-Butter-Masse kann z. B. mit dem Boden eines Glases angedrückt werden. Es gibt einen speziellen Käse mit der Bezeichnung Akkawi, der leider nicht überall zu finden ist. In Scheiben geschnitten, muss dieser mindestens 1 Stunde im Wasser ruhen, damit das Salz entweichen kann. Als Alternative ist der Mozzarella geeignet.
Das Künefe kann ungebacken eingefroren werden und hält sich dort bis zu 3 Monate. Vor dem Backen das Künefe im Kühlschrank langsam auftauen lassen und dann wie beschrieben backen.
Auch gebackenes Künefe kann eingefroren werden. Hier dann allerdings keinen Zuckersirup aufgeben. Das Künefe auftauen lassen, z. B. in der Mirkowelle, mit dem Zuckersirup übergießen und dann backen.

Atayef

[atayɨf] arabisch

22 Portionen | 90 Minuten | 0,30 € | Einfach

Zutaten:

Für den Teig:
225 g Weichweizengrieß
140 g Mehl
½ TL Hefe
1 TL Backpulver
Prise Salz
750 ml lauwarme Milch

Für den Milchpudding (arabisch: Ashta):
800 Milch
200 ml Sahne
100 g Zucker
120 g Speisestärke
1 TL Rosenwasser
2 TL Orangenblütenwasser

Für den Zuckersirup:
400 ml Wasser
300 g Zucker
1 TL Zitronensaft

Für die Deko:
50 g Pistazien
50 g Haselnüsse

Nährwerte pro Portion:

204 kcal / 854 kJ
34 g Kohlenhydrate
5 g Eiweiß
8 g Fett

Pancakes kennt jeder und man bringt sie automatisch in Verbindung mit den USA. Die arabische Variante ist mit amerikanischen Pancakes nicht zu vergleichen. Die soften Mini-Grieß-Pancakes werden nur von einer Seite gebacken (sie sind dennoch von beiden Seiten gar), um anschließend mit einer köstlichen Milchcreme befüllt zu werden. Du magst deine Atayef nicht zu süß? Kein Problem - bestimme einfach selbst, wie viel Zuckersirup du ihnen gibt.

Zubereitung:

1. Gib zunächst **alle Zutaten für den Teig** in eine Rührschüssel und vermische alles mit Hilfe eines Handrührgerätes, so dass keine Klümpchen entstehen.
2. Lasse den Teig anschließend bei Zimmertemperatur eine Stunde quellen.
3. Fülle währenddessen das **Wasser** für den Zuckersirup in einen Topf. Füge den **Zucker** hinzu und koche beides zusammen einmal kurz auf. Rühre dabei gelegentlich um.
4. Gib dann den Zitronensaft ebenfalls hinzu, verrühre alles nochmals und lass den Sirup für 5 Minuten einkochen. Anschließend füllst du ihn in eine Schale oder eine Karaffe.
5. Gieße **Milch** und **Sahne** für den Milchpudding in einen Topf. Füge die restlichen Zutaten, **Zucker, Speisestärke, Rosen- und Orangenblütenwasser**, hinzu und verrühre alles ordentlich.
6. Koche den Milchpudding bei mittlerer Wärmezufuhr einmal auf. Rühre ihn dabei ständig um, damit nichts anbrennt.
7. Fülle den Pudding, nachdem er einmal aufgekocht ist, in eine Schüssel um und bedecke die Oberfläche mit Frischhaltefolie, damit sich keine Haut bildet. Lasse den Milchpudding vollständig abkühlen.
8. Rühre nun den Pancaketeig noch einmal durch, bevor du ihn weiterverarbeitest.
9. Stelle eine beschichtete Pfanne auf den Herd, heize sie auf mittlerer Stufe vor, nimm eine Schöpfkelle und gib eine Kelle des Teiges mit circa 9 cm Durchmesser in die Pfanne. Der Pancake ist fertig, wenn der Teig an der Oberseite fest ist und sich Bläschen bilden. Wichtig: er wird nicht gewendet und nur von einer Seite hellbraun ausgebacken. Gib die fertigen Pancakes dann zwischen zwei saubere Geschirrtücher.
10. Nimm anschließend einen Pancake und gib einen Esslöffel des Milchpuddings hierauf. Dabei sollte der Pudding mehr im vorderen als im hinteren Bereich liegen.
11. Drück den Pancake in der Mitte und im hinteren Bereich nun etwas zusammen. Dadurch, dass sie unter dem Geschirrtuch lagen, kleben sie hier schön zusammen.
12. Mahle erst die **Pistazien**, dann die **Haselnüsse** in einem Mixer fein und tunke den vorderen Teil, in dem sich der Milchpudding befindet, in die Pistazien. Den nächsten kannst du in die Nüsse tunken, so hast du etwas Abwechslung.
13. Lege die gefüllten Pancakes auf eine Servierplatte und fülle den Zuckersirup in ein Schälchen. Vor dem Verzehr wird der Zuckersirup über die Atayef gegossen. Alternativ kann man Atayef auch portionsweise in den Sirup tauchen.

Nice to know

Anstatt Milch kannst du auch Wasser verwenden oder eine Mischung aus halb Wasser und halb Milch. Die Pancakes müssen zwischen zwei Geschirrtücher liegen, damit sie nicht austrocknen. Du kannst den Teig auch in ein kleines Gefäß (z.B. eine kleine Schale) geben und dann in die Pfanne gießen. So sind die Pancakes immer gleich groß. Achte darauf, dass die Pancakes nicht zu dunkel werden, sonst schmecken sie etwas bitter. Du kannst zu den Nüssen auch etwas Zimt geben.

Kadayıf Cheesecake

[kadajɨf tschieskeyk] türkisch, englisch

10 Portionen | 80 Minuten | 0,85 € | Einfach

Zutaten:

Für den Zuckersirup:
170 ml Wasser
150 g Zucker
1 EL Rosenblütenwasser
1 TL Zitronensaft

Für den Boden und die Deko:
250 g Kadayıf (feine Teigfäden)
100 g geschmolzene Butter
2 TL Butter zum Fetten der Form

Für den Cheesecake:
500 g Doppelrahmfrischkäse
200 g Schmand
160 g Zucker
Saft einer halben Zitrone
1 EL Vanilleextrakt
3 Eier (M)
25 g Mehl

Für die weitere Deko:
20 g Pistazien

Nährwerte pro Portion:

488 kcal / 2043 kJ
45 g Kohlenhydrate
7 g Eiweiß
30 g Fett

Ich habe es getan: nämlich das Beste aus zwei Welten vereint! Den berühmten cremigen New York Cheesecake mit orientalischem Kadayıf und Zuckersirup - eines meiner absoluten Lieblingskreationen. Der Kadayıf Cheesecake schmeckt nicht zu süß, knusprig durch den Kadayif und frisch, so wie es sich für einen New York Cheesecake gehört. Wie sagt man so schön? Dank' mir später für diese unglaubliche Cheesecake-Kombination!

Zubereitung:

1. Gib zunächst **Wasser**, **Zucker** und **Rosenwasser** in einen Topf und lasse alles kurz aufkochen. Sobald das Zuckerwasser kocht, den **Zitronensaft** hinzugeben und für weitere 5 Minuten köcheln lassen. Anschließend Zuckersirup in eine Schale oder Karaffe umfüllen.
2. Jetzt den Kadayif auseinanderzupfen, das funktioniert am besten mit den Händen.
3. Gieße nun die geschmolzene **Butter** zum Kadayif und mische alles einmal mit den Händen gut durch. Fette eine 26er Springform mit **1 TL Butter** ein.
4. Drücke zwei Drittel des Engelshaars auf dem Boden der Springform fest an. Das letzte Drittel erst einmal zur Seite stellen.
5. Backe den Boden im vorgeheizten Backofen bei 200 °C Ober-/Unterhitze für 18 – 22 Minuten golbraun.
6. Fette eine weitere Springform mit 1 TL **Butter** ein und gebe das restliche Kadayif hinein. Dieses Mal ganz locker ohne ihn anzudrücken.
7. Wenn der Boden fertig gebacken ist, kommt das restliche Engelshaar für 18 – 20 Minuten ebenfalls bei 200 °C Ober-/Unterhitze ebenfalls in den Backofen.
8. Gieße nun 4-5 EL Zuckersirup über den heißen Kuchenboden und lasse ihn anschließend abkühlen. Stürze nach dem Abkühlen den Kuchenboden auf eine Tortenplatte.
9. Gib für den Cheesecake **Doppelrahmfrischkäse, Schmand, Zucker, Zitronensaft** und **Vanilleextrakt** in eine ausreichend große Schüssel und verrühre alles kurz mit einem Schneebesen.
10. Mische nach und nach die Eier unter die Mischung und füge zum Schluss das zuvor gesiebte **Mehl** hinzu.
11. Kleide die Springform, in der zuvor der Boden gebacken wurde mit Backpapier aus, heize den Backofen auf 150 °C Ober-/Unterhitze vor und fülle die Cheesecake-Masse hinein. Backe den Cheesecake für 45 – 50 Minuten und lasse ihn anschließend vollständig auskühlen.
12. Löse den Cheesecake mit Hilfe eines Messers vom Rand der Springform. Hebe ihn mit Hilfe eines Tortenhebers vom Boden und löse das Backpapier ab.
13. Gib den Cheesecake mit Hilfe des Tortenhebers auf den Kuchenboden, der bisher im Kühlschrank gelagert wurde. Verteile das restliche Kadayef (Engelshaar) auf dem Kuchen, gieße den Zuckersirup hierüber und bestreue alles mit **Pistazien**.

Nice to know

Kadayıf sind lange, feine Fadennudeln. Man findet es in jedem türkischen oder arabischen arabischen Supermarkt. Zupft man Kadayıf auseinander, verdoppelt oder verdreifacht sich das Volumen.
Das Einfetten mit Butter ist sehr wichtig, damit sich der Kadayıf später aus der Form lösen lässt.
Zum Andrücken des Engelshaars auf dem Boden kann auch die Rückseite eines Glases verwendet werden, dann geht es einfacher. Es ist völlig egal, ob der Zuckersirup lauwarm oder bereits kalt ist.
Das Auskühlen des Kuchenbodens dauert ca. 1 Stunde. Beim Stürzen des Kuchenbodens, die Tortenplatte auf das Engelshaar legen und umdrehen. Dann den Boden der Springform vorsichtig ablösen.
Der Schmand für den Cheesecake kann auch gegen Creme Fraiche ersetzt werden.

Maamoul Bil Tamr

[mɒmul bil tæmɨr] arabisch

28 Portionen | 120 Minuten | 0,20 € | Mittel

Zutaten:

Für den Teig:
450 g Weichweizengrieß
150 g Mehl
35 g Puderzucker
½ TL Trockenhefe
¼ TL gemahlenen Fenchel
¼ TL gemahlenen Anis
½ TL Mahlab
1 Messerspitze Muskatnuss
150 g Butter, zimmerwarm
150 g Butter Ghee, zimmerwarm
1 ½ EL Orangenblütenwasser
60 ml neutrales Öl, zB. Sonnenblumenöl
30 - 50 ml Milch

Für die Dattelfüllung:
450 g Dattelpaste
½ TL Zimt
½ TL Anis
1 EL Sesam
½ TL Orangenblütenwasser
½ TL Rosenwasser

Außerdem:
100 g Puderzucker zum Garnieren

Nährwerte pro Portion:

227 kcal / 950 kJ
27 g Kohlenhydrate
2 g Eiweiß
12 g Fett

Diese arabischen Dattelkekse werden traditionell an islamischen Feiertagen (Ramadan- & Opferfest) gebacken und halten in einer Frischhaltedose verpackt mehrere Wochen, sodass du lange Freude an ihnen hast. Der Teig ist so mürbe ist, dass er auf der Zunge zergeht. Für das Zubereiten kannst du einen traditionellen Maamoul-Holzformer verwenden. So bekommt der Grießteigmantel hübsche Ornamente.

Zubereitung:

1. Gib zunächst den **Weichweizengrieß** zusammen mit **Mehl**, **Puderzucker** und den Gewürzen in eine große Rührschüssel.
2. Füge anschließend **Butter** und **Butter Ghee** hinzu, knete alles kurz mit den Händen durch. Gib dann **Orangenblütenwasser**, **Öl**, und **Milch** ebenfalls hinein und verknete nochmals alles zu einem homogenen Teig.
3. Decke den Teig mit einem Deckel oder einem Teller ab und lasse ihn für mindestens zwei Stunden im Kühlschrank ruhen.
4. Nimm den Teig kurz bevor du ihn verarbeitest aus dem Kühlschrank, so lässt er sich besser verarbeiten, da er durch die Butter sehr hart wird.
5. Gib die **Dattelpaste** in eine Rührschüssel und füge **Zimt, Anis, Sesam, Orangen-** und **Rosenblütenwasser** hinzu. Verknete alles ordentlich mit den Händen.
6. Stich anschließend etwas von dem Teig ab, rolle ihn in deinen Händen zu einer Kugel, in die du danach eine Mulde formst. In die Vertiefung gibst du etwas von der Dattelfüllung und ummantelst alles mit dem Teig.
7. Besitzt du einen Mamoul-Former, streust du ihn nun mit etwas Mehl aus und drückst im Anschluss den Teig hinein. So entsteht ein schönes Muster.
8. Setzte die Dattelkekse auf ein mit Backpapier ausgelegtes Backblech und stelle dieses für 10 – 11 Minuten in den auf 220 °C vorgeheizten Backofen. Die Kekse sind eher hell.
9. Nimm das Backblech aus dem Backofen und bestäube die noch heißen Dattelkekse mit **Puderzucker**. Lasse sie anschließend auskühlen.

Nice to know

Der Teig ist eher hart als fluffig. Er sollte beim zusammendrücken auch zusammenbleiben. Falls dein Teig zu krümelig ist, dann verwende gern einige Esslöffel mehr Milch. Benetze deine Hände mit etwas Öl, dann lässt sich der Teig besser zu Kugeln formen. Du kannst den Teig auch am Vortag zubereiten. So hat der Grieß Zeit, die Flüssigkeiten komplett aufzusaugen. Die Backzeit der Dattelkekse richtet sich nach ihrer Größe. Luftdicht verpackt halten sich die Kekse bis zu zwei Wochen.

Pistazien-Makronen

20 Portionen | 25 Minuten | 0,20 € | Einfach

Zutaten:

Für den Makronenteig:
100 g Pistazien (ungesalzen)
2 Eiweiß (M)
Prise Salz
90 g Zucker
10 g Speisestärke
1 TL Vanilleextrakt
120 g Kokosraspeln

Für die Deko:
130 g Zartbitterkuvertüre

Nährwerte pro Portion:

126 kcal / 527 kJ
9 g Kohlenhydrate
2 g Eiweiß
9 g Fett

Du kennst saftige Makronen, von denen du die Finger einfach nicht lassen kannst? Dann probiere unbedingt meine Pistazien-Variante. Die sehen nicht nur hübsch aus, sondern schmecken wahnsinnig saftig. Mein Rezept kommt ganz ohne Oblaten aus und in in der Zubereitung schnell und unkompliziert. Falls du sie nicht vorher schon restlos vernaschst: sie halten luftdicht verpackt zwei Wochen.

Zubereitung:

1. Heize den Backofen auf 180 °C Ober-/Unterhitze vor.
2. Hacke die **Pistazien** fein.
3. Schlage das **Eiweiß** zusammen mit dem **Salz** in einem hohen Rührgefäß steif, z. B. mit Hilfe eines Handrührgerätes oder der Küchenmaschine. Lasse währenddessen den **Zucker** einrieseln.
4. Siebe die **Speisestärke** und hebe sie zusammen mit **Vanilleextrakt**, **Kokosraspeln** und Pistazien unter den Eischnee.
5. Forme aus der Masse 20 Makronen mit einer Höhe von 2 cm.
6. Lege ein Backblech mit Backpapier aus verteile die vorgeformten Makronen/Plätzchen hierauf.
7. Backe die Makronen für 22 Minuten im Ofen.
8. Lasse die fertigen Makronen nach dem Backen vollständig abkühlen, dadurch werden sie fester.
9. Schmelze in der Zwischenzeit die **Kuvertüre** über einem Wasserbad.
10. Tunke den Boden der Makronen in die geschmolzene Kuvertüre und fülle den Rest in einen Spritzbeutel. Verziere hiermit die Pistazien-Makronen.

Nice to know

Als Alternative zum Spritzbeutel, kann auch ein Gefrierbeutel benutzt werden. Die Schokolade dort einfüllen, die Spitze abschneiden und die Makronen verzieren. Die Pistazien-Makronen halten bis zu 2 Wochen, wenn du sie in einer Frischhaltedose luftdicht lagerst.

Üç Renkli Muhallebi

[ütsch renkli muhallebi] türkisch

8 Portionen | 25 Minuten | 1,10 € | Einfach

Zutaten:

Für das Muhallebi:
750 ml Milch
50 g Mehl
30 g Speisestärke
150 g Zucker
1 TL Vanilleextrakt
40 g Vollmilchkuvertüre

Für das Erdbeerpüree :
150 g Erdbeeren
70 ml Wasser
15 g Zucker
10 g Speisestärke

Außerdem:
100 g Schlagsahne
1 TL Sahnefest
8 Erdbeeren
15 g Pistazien, gehackt

Nährwerte pro Portion:

248 kcal / 1038 kJ
38 g Kohlenhydrate
5 g Eiweiß
8 Fett

Dieser türkische Milchpudding kommt anders als der deutsche Pudding komplett ohne Ei aus. Ich veredle ihn mit Schokolade und gebe ihm noch eine fruchtige Erdbeernote. Probiere alle drei Schichten auf einmal: ein romantischer Vanille-Schoko-Erdbeertraum. Du kannst dir entweder ein Glas mit deinem Lieblingsmenschen teilen - oder du vernaschst es ganz für dich allein.

Zubereitung:

1. Gib für den Muhallebi **Milch, Mehl, Speisestärke, Zucker** und **Vanilleextrakt** in einen Topf und verrühre alles miteinander, so dass keine Klümpchen entstehen.
2. Koche den Pudding unter Rühren mit hoher Wärmezufuhr, auf Stufe 8 von 9, kurz auf, so dass dieser eindickt.
3. Fülle die Hälfte des Puddings in eine Schüssel.
4. Hacke die Kuvertüre, gib sie in den Topf zur anderen Hälfte des Muhallebi und lasse sie bei der Resthitze auf dem Herd schmelzen.
5. Wasche die 4 **Erdbeeren**, tupfe sie mit einem Küchenkrepp trocken und schneide sie in Scheiben. Lege mit diesen Scheiben den Boden eines Glases dekorativ aus.
6. Schichte nun nacheinander hellen und dunklen Muhallebi in das Glas.
7. Wasche die weiteren **Erdbeeren**, tupfe sie trocken und halbiere sie. Gib sie zusammen mit dem **Wasser** in einen Topf und püriere sie. Füge Zucker und Stärke hinzu und lasse alles unter ständigem Rühren kurz aufkochen.
8. Gib die Erdbeersoße noch warm über den Pudding.
9. Schlage die Sahne steif. Nutze hierfür auch das **Sahnesteif**. Fülle die Schlagsahne in einen Spritzbeutel mit Sternentülle und dekoriere hiermit den Muhallebi.
10. Dekoriere den Muhallebi mit den restlichen **Erdbeeren** und bestreue ihn mit den **gehackten Pistazien.**

Nice to know

Statt Vollmilchkuvertüre kann auch Schokolade verwendet werden. Vollmilch kann nach Geschmack durch Zartbitter ersetzt werden. Damit sich auf dem Pudding keine Haut bildet, die Oberfläche mit Frischhaltefolie bedecken. Der Muhallebi hält sich ohne Sahnetopping und Erdbeersoße 5 Tage im Kühlschrank.

Halawet El Jibn

[halauet el schibn] arabisch

12 Portionen 60 Minuten 0,45 € Mittel

Zutaten:

Für den Zuckersirup:
400 ml Wasser
250 g Zucker
1 EL Zitronensaft

Für den Milchpudding (Ashta):
400 ml Milch
200 ml Sahne
30 g Puderzucker
60 g Speisestärke
1 TL Orangenblütenwasser
1 TL Rosenwasser

Zutaten für den Teig:
4 Kugeln Mozzarella
(500 g Abtropfgewicht)
120 ml Wasser
1 TL Rosenwasser
150 g Weichweizengrieß

Für die Deko:
25 g Pistazien, gehackt

Nährwerte pro Portion:

297 kcal / 1243 kJ
39 g Kohlenhydrate
11 g Eiweiß
10 g Fett

Besonders in Syrien und Libanon ist Halawet El Jibn sehr beliebt. Übersetzt bedeutet es 'Süßes mit Käse' und der Name ist Programm: Die leckeren Röllchen bereiten wir erst einen Mozarrella-Grießteig zu und befüllen ihn anschließend mit arabischem Milchpudding. Der süße Zuckersirup ist das i-Tüpfelchen. Probiere es aus und tauche ein in die Geschmackswelt des Orients.

Zubereitung:

1. Gib zunächst **Wasser** und **Zucker** in einen Topf und koche beides unter rühren auf. Füge den **Zitronensaft** hinzu und lasse den Sirup für 5 Minuten köcheln. So dickt er etwas ein.
2. Fülle den fertigen Zuckersirup in eine Schüssel und stelle ihn Beiseite.
3. Gieße **Milch** und **Sahne** für den Milchpudding in einen Topf. Füge die restlichen Zutaten hinzu und verrühre alles ordentlich.
4. Koche den Milchpudding bei mittlerer Wärmezufuhr einmal auf. Rühre ihn dabei ständig um, damit nichts anbrennt.
5. Fülle den Milchpudding, nachdem er einmal aufgekocht ist, in eine Schüssel um und bedecke die Oberfläche mit Frischhaltefolie, damit sich keine Haut bildet. Lasse den Milchpudding dann vollständig abkühlen.
6. Schneide den **Mozzarella** in kleine Stücke und gib ihn in einen Topf. Füge **Wasser** und **Rosenwasser** hinzu und lasse den Mozzarella bei mittlerer Wärmezufuhr schmelzen. Rühre währenddessen immer um.
7. Füge nach und nach den **Weichweizengrieß** hinzu, bis sich alles zu einem Teig verbunden hat.
8. Gib nun 3 – 4 Esslöffel auf eine saubere Arbeitsfläche und rolle den Teig rechteckig und dünn aus. Schneide am unteren Ende eine gerade Linie ab.
9. Verteile den Milchpudding am unteren Ende des Teiges und rolle diesen so auf, dass die Füllung bedeckt ist.
10. Schneide den Teig ab, lege die Rolle auf ein Brett und schneide sie in 12 rautenförmige Stücke. Lege diese auf eine Servierplatte.
11. Verfahre mit dem restlichen Teig und Milchpudding genauso.
12. Übergieße die Röllchen zum Schluss mit dem Zuckersirup
13. Dekoriere sie nach Belieben mit gehackten **Pistazien**.

Nice to know

Der Mozzarella lässt sich, wenn er kleingeschnitten ist, besser schmelzen. Der Teig muss sofort verarbeitet werden, da er ansonsten hart wird. Solltest du eine kurze Pause benötigen, belasse ihn in der warmen Pfanne. Der Teig lässt sich später besser rollen, wenn du ihn unten vorab einmal gerade abschneidest. Die Röllchen halten sich, eingewickelt in Frischhaltefolie bis zu 4 Tage.

Kikis Cream
HAZEL
SO UNENDLICH CREMIG
Kikis Cream
CHOCO
SO UNENDLICH CREMIG

Gefüllte Datteln

Serviertipp

Datteln sind in der orientalischen Küche nicht wegzudenken. Sie werden als Füllung für Kekse und Gebäck verwendet, mit Milch aufgegossen (sehr lecker!) und mit weiteren Zutaten befüllt serviert.

Auch im Fastenmonat Ramadan haben Datteln einen hohen Stellenwert. Man soll das Fasten mit einer Dattel brechen, da ihr eine reinigende Wirkung nachgesagt wird.

Sie enthalten viele Vitamine, sowie Mineral- und Ballaststoffe. Neben Kalium und Magnesium weisen Datteln ebenso Eisen, Phosphor und Kalzium auf, enthalten B-Vitamine und die Aminosäure Tryptophan, welche von unserem Körper in das Hormon Melatonin umgewandelt wird. Melatonin ist für seine nervenberuhigende Wirkung bekannt und fördert das Einschlafen, gilt als Krebsfeind und Anti-Aging-Stoff.

Der hohe Anteil an Antioxidantien schützt unsere Zellen vor freien Radikalen. Außerdem wirken Datteln entzündungshemmend.

Ajwa, Sukari, Medjool, Khodari, Safawi, ... - die Liste der Dattelsorten ist lang. Weltweit sind etwa 1500 Sorten bekannt. Davon gelangen aber nur wenige in den Handel. Ich mag am liebsten Datteln, die eine weiche, dünne Fruchthaut und ein saftiges Fruchtfleisch haben.

Du benötigst für gefüllte Datteln nur vier Zutaten: frische Datteln (ich verwende die Sorte Medjool), Kikis Cream der Sorte Haselnuss oder Choco, Pekannüsse und Haselnusskrokant.

Schneide zunächst mit einem Messer die Dattel von einer Seite auf und entferne den Kern. Halbiere eine Pekannuss und ersetze damit den Dattelkern. Gib nun ein wenig Kikis Cream in die Dattel und bestreue sie mit Haselnusskrokant.

Da Datteln von Natur aus recht süß sind, passen die milden Pekannüsse perfekt dazu. Du kannst aber auch beispielsweise Mandeln, Walnüsse und Haselnusskerne verwenden.

Nährwerte pro Stück:

80 kcal / 335 kJ
15 g Kohlenhydrate
1 g Eiweiß
2 g Fett

15ml

Schwarzkümmelöl

Schwarzkümmel ist aus der orientalischen Küche nicht wegzudenken und besitzt einen hohen Stellenwert, weshalb ich es mir nicht nehmen ließ, ihm ein paar Zeilen zu widmen. Schwarzkümmelöl wird aus der Pflanze Nigella Sativa gewonnen. Die Samen werden meist für Brote verwendet, verleihen aber auch Fleischgerichten eine intensive Geschmacksnote.

Im Orient wird das Öl der Pflanze als Hausmittel verwendet, denn bereits vom Propheten Mohammed ist folgendes Zitat zu dem beliebten Gewürz überliefert worden: "Schwarzkümmel heilt jede Krankheit – außer den Tod". Der früheste belegte Anbau von Schwarzkümmel wird übrigens auf mehr als 3.000 Jahren datiert.

Schwarzkümmelöl enthält Vitamine E und C, eine Gruppe von B-Vitaminen (B1, B2, B6), Folsäure und Biotin, sowie Mineralstoffe wie Selen, Magnesium, Zink und Calcium. Außerdem hat es durch seinen Gehalt an ätherischen Ölen (vor allem Thymochinon) eine antibakterielle und desinfizierende Wirkung. Es unterstützt unsere Stoffwechselfunktionen mit den enthaltenen ungesättigten Fettsäuren (wir kennen sie als Omega-6 und Omega-3-Fettsäuren), die wir unserem Körper von außen zufügen müssen.

Grundsätzlich kannst du das Öl natürlich in deinen Rezepten nutzen. Dabei ist es ganz wichtig, dass du es nicht erhitzt, weil das die hitzeempfindlichen Inhaltsstoffe zerstört. Träufle zum Beispiel etwas Schwarzkümmelöl über deinen Salat.

Du kannst das Öl auch in deinen Morgen-Smoothie mischen. Lecker ist es auch im Joghurt. Ein bisschen Honig oder Agavendicksaft dazu — und du wirst sehen: Gesundes kann auch richtig gut schmecken.

Mein Tipp:
Mische das Öl für die Eingewöhnung mit Honig, das überdeckt den kräftigen Geschmack! Ich begann mit einem Teelöffel (z.B. nach dem Frühstück, oder vor dem Schlafengehen) und übersteige nicht die Dosis von einem Esslöffel täglich. Das gilt für Erwachsene.

Zu der Einnahme bei Kindern und Babys gibt es noch keine EU-Norm.

Wichtig:
Während der Schwangerschaft solltest du auf die Einnahme ätherischer Öle (die auch im Schwarzkümmelöl enthalten sind) verzichten!
Sie können wehenfördernd wirken.

Hier bekommst du die Information, für wieviele Portionen das Gericht ausgelegt ist. Falls du einmal Gäste erwarten solltest, kannst du dich also perfekt daran orientieren und nach Belieben die Zutaten verdoppeln, oder für einen Single-Haushalt halbieren.

Für dein ideales Zeitmanagement findest du hier die Zeit, die du für die Zubereitung des jeweiligen Gerichts benötigst.

Money, money, money… Ein Überblick schadet nie. Angelehnt an die Portionen im jeweiligen Gericht findest du hier die Kosten. Kalkuliert auf der Basis der Zutaten mit durchschnittlichen Einkaufspreisen.

Der Schwierigkeitsgrad gibt dir Auskunft darüber, ob das Gericht für Anfänger geeignet ist, oder mehr Fingerspitzengefühl gefordert wird. So oder so – du wirst das rocken!

Nice to know

Hilfreiche Tipps, Tricks und Informationen zu den jeweiligen Rezepten findest du hier. Ich habe ausgiebig getestet, welche Leckereien ideal vorzubereiten sind. Können bestimmte Gerichte tiefgefroren werden und schmecken sie dann genau so gut, wie frisch zubereitet? All diese hilfreichen Tipps habe ich zum Schluss zusammengefasst.

Maßangaben:

TL = Teelöffel
EL = Esslöffel
g = Gramm
kg = Kilogramm
ml = Milliliter
l = Liter

Sag mal, Kiki...

... was genau ist Bulgur?

Bulgur ist vorgekochter Weizen und wird für eine Vielzahl an orientalischen Rezepten benötigt. Es gibt feinen und groben Bulgur, hellen und dunklen. Zu den Rezepten schreibe ich dir immer die genaue Bezeichnung, damit du einen Fehlkauf vermeidest.

... was sind die Unterschiede zwischen Yufka- und Filoteig?

Der hauptsächliche Unterschied liegt bei der Dicke des Teiges. Filoteig ist so dünn, dass du eine Zeitung hindurch lesen könntest. Yufka hingegen ist etwas dicker. Beide Teige sind nicht mit Blätterteig vergleichbar.

... frische oder getrocknete Kräuter?

Du wirst merken, dass Petersilie und Koriander in der orientalischen Küche eine große Rolle spielen. Ich empfehle grundsätzlich frische zu verwenden, da die getrockneten oder gar tiefgekühlten Kräuter nicht sehr intensiv schmecken. Übrigens: Wenn von Petersilie die Rede ist, dann ist immer die glatte Sorte gemeint.

... darf ich Olivenöl erhitzen?

Nutzt du Olivenöl mit der Bezeichnung „Nativ Extra", so kannst du es bis zu seinem Rauchpunkt, circa 180°C erhitzen. Beachte, dass der Rauchpunkt nicht dasselbe wie die Kerntemperatur ist. Deshalb darfst du beispielsweise Kartoffeln, Fisch & Co. mit Olivenöl bei 200°C im Backofen backen.

... wo gibt's spezielle Zutaten, wie zum Beispiel Orangenblütenwasser?

Inzwischen haben auch gut sortierte, Supermärkte ein breit gefächertes orientalisches Sortiment. In meinem Onlineshop www.kikiskitchen.de findest du sämtliche orientalische Zutaten unter der Kategorie „Lebensmittel".

... kann ich Granatapfelsirup durch andere saure Zutaten ersetzen?

Granatapfelsirup ist eingekochter Granatapfelsaft, der eine säuerlich-würzige Note mit einem süßlichen Beigeschmack. Ich rate davon ab, diesen aufgrund der einzigartigen Geschmacksnote, zu ersetzen. Achtung: Verwechsle Granatapfelsirup nicht mit Grenadine. Dieser wird zum Färben und Süßen von Cocktails verwendet.

... was ist eigentlich Sumak?

Sumak ist das sogenannte Essigbaumgewürz und hat somit einen sauren Geschmack. Er ist voller Vitamin C, Omega-3-Fettsäuren und enthält wichtige Antioxidantien. Sumak peppt nicht nur Hähnchen-, Fischgerichte und Salate auf, sondern verleiht durch seine rot-violette Farbe den Gerichten das gewisse Etwas.
Eine weitere Schreibweise ist: Sumach

Deine Notizen

Danksagung

Danke – ein Wort, das von Herzen kommt und sich besonders an diese wundervollen Menschen richtet:

Hamza, mein Mann, bester Freund, Partner, Video- und Fotograph, sowie seelische Stütze, wenn doch mal wieder alles zu viel wird. Du hast mich 2016 ermutigt Kikis Kitchen zu gründen und 5 Jahre später hast du mich darin bestärkt, dieses Buch zu schreiben. Danke, dass du diesen Weg mit mir zusammen gehst und mich in allem unterstützt.

Mama, du hast den Grundstein gelegt. Danke, dass ich dir beim Backen im Café nach der Schule immer über die Schulter schauen durfte. Du bist eine Powerfrau!

Schwiegermama, durch deine Kochkunst erlebe ich die arabische Küche hautnah. Danke, dass du mir die traditionellen Rezepte in den letzten Jahren noch näher gebracht hast.

Simon, du warst während des gesamten Buchprojekts mit ganzem Herzen dabei und hattest wegen mir viel zu lange Arbeitstage. Ich könnte mir keinen besseren Grafiker vorstellen.

Mo, du bist unser stiller Held und hast im Hintergrund das Organisatorische erledigt – auch wenn es mal hektisch zuging. Wie sagtest du so schön? „Unkompliziert wäre langweilig."

Autorin / Urheberin: Kiki Aweimer
Vertreten durch:
Hamza Aweimer
Kikis Kitchen GbR
Robertstr. 70d
44809 Bochum
Deutschland

Mon année de Tle

ENSEIGNEMENTS **COMMUNS**

Cet ouvrage a été rédigé par une équipe de professeurs de lycée.

Philosophie ▶ Dominique Boissier

Histoire-Géographie ▶ Laurent Coulomb, Magali Domain, Loïc Hamandjian, Sébastien Piecuch, Bénédicte Zielewski

Enseignement scientifique ▶ Fabien Aoustin, Pascal Chauvel, Sandrine Schreyeck

Anglais ▶ Claire Vittecoq-Laurelli

Espagnol ▶ Alejandra Chuliá Jordán

Allemand ▶ Fabrice Malkani

bordas